달동네 행복일기

달동네 행복일기

초판1쇄 발행 • 2010년 2월 27일

지은이 • 남상덕 · 최윤정
펴낸이 • 이재호
펴낸곳 • 리북
등 록 • 1995년 12월 20일 제13-663호
주 소 • 서울시 마포구 솔내1길 19 서연빌딩 2층
전 화 • 02 · 322 · 6435
팩 스 • 02 · 322 · 6752

정 가 • 12,000원

ISBN 978-89-87315-14-0

달동네 행복일기

남상덕 · 최윤정 지음

리북

■ 달동네 행복일기를 펴내며

남편의 말

지금 난곡 달동네는 재개발로 인해 대규모 아파트단지로 변했습니다. 상전벽해라는 말처럼 완전히 다른 세상으로 변했습니다. 골목길 아이들의 재잘거림도, 옹기종기 모여 앉아 동네일을 이야기하는 풍경도 이제는 찾아볼 수 없습니다. 가끔씩 이곳을 지나며 이 자리는 예전에 동사무소가, 저 자리는 세탁소와 구두방이 그리고 여기는 주민회관이 있던 자리… 하면서 과거의 기억을 떠 올리며 미소를 머금게 됩니다.

2년 전쯤 한 인터넷신문 재개발 문제 기획 기사에서 난곡의 사례를 재조명하면서 난곡 관련 자료들을 모아 인터넷에 올려놓았던 기억이 납니다. 그 곳을 자주 드나들며 그 당시 올라왔던 다양한 사진과 사연과 추억들을 보면서 그 시절 공동체와 더불어 살았던 달동네 삶의 기록을 책에서 나누는 것도 참으로 좋은 일이 될 수 있다는 생각을 했습니다.

이 책에 실린 달동네 일기는 길게는 15년 전, 아직 난곡 달동네가 헐리기 전의 삶의 모습을 담고 있습니다. 사실 아내가 이런 글을 써놓은 사실을 알고 있었기에 오래 전부터 책으로 엮어 보다 많은 사람들과 나누고 싶었습니다.

그러다 세월이 무심히 흘렀습니다. 더 늦기 전에 큰맘을 먹고 아내에게 출간을 권했습니다. 그러자 아내는 제가 이곳저곳에 썼던 글들도 함께 모으자고 성화였습니다. 그렇게 엮인 글들을 보니 아내의 마음으로 읽는 따뜻한 글과 저의 세상사 걱정의 조금 딱딱한 글이 티격태격하는 느낌이 없지 않습니다. 그러나 이래저래 우리 부부가 함께 살아온 세월이 담긴 글들입니다. 무엇보다 우리 부부가 희망으로 뒤척이며 세상의 작은 변화를 꿈꾸며 고민하고 성찰하며 발로 뛰었던 삶의 기억들을 간직할 수 있게 되어 행복합니다.

아내의 말

글도 아닌 글을 책으로 내자고 남편이 제안했을 때 많이 망설였습니다. 그러나 이렇게 책을 함께 내게 된 것은 그 동안 우리 두 사람의 삶을 지지해 주고, 도와주었던 많은 분들에게 고마움을 전할 수 있지 않을까 하는 것과 이 세상에는 천사들이 너무나 많이 살고 있다는 사실을 알리고 싶었기 때문입니다.

여기에 적힌 저의 글들은 1997년 컴퓨터가 귀하던 시절, 전화국에서 무료로 나누어 주었던 단말기로 하이텔 가톨릭동우회 '하늘나라' 에 6년 동안 쓴 글들 중에서 일부를 간추려 실었습니다.

IMF 이전까지의 삶은 제게 정말로 '가난한 사람이 행복하다' 라는 말씀이 옳다는 것을 깨닫게 해 주는 시절이었습니다. 하지만 IMF가 오기 1년 전부터 불어 닥친 빈곤한 사람들의 고통과 좌절, 위기들을 겪으면서, 그들을 돕기 위해 많은 사람들이 여기저기에서 구원의 손길을 펼치는 모습들을 보면서 '마음이 가난한 사람이 행복하다' 라는 말씀이 무엇인지를 깨닫게 되었습니다.

부부의 말

달동네에서 살았던 그 시절 물질적으로는 어려웠지만 서로 돕고 위해 주었던 동네 식구들, 가난한 사람들과 하나가 되기 위해 노력했던 지역의 활동가들, 가난한 사람들의 아픔을 조금이라도 덜어주기 위해 지원해 주었던 가톨릭동우회 '하늘나라' 회원님들과 21세기 가톨릭포럼의 회원님들, 천주교인권위원회 위원님들, 천주교정의구현전국사제단 신부님들, 수사님들, 수녀님들 그리고 수많은 소중한 사람들, 이름도 얼굴도 모르지만 달동네 결식아동들을 위해 쌀가마니를 놓고 가거나 통장으로 10여 년간 후원금을 보내주고 계신 분들, 그리고 삶의 스승이신 노꼴렛 선생님과 김혜경 사라선생님 등등. 모든 분들께 진심으로 감사드립니다.

엄마의 글을 재미있게 읽으며 과거를 돌아보던 예쁜 딸 선우와 누리에게 자랑스럽고 고맙다는 말을 전합니다. 그리고 주저하고 망설이던 우리들에게 용기를 주며 책을 출간해 주신 리북출판사 편집진에게 감사드립니다.

우리는 여전히 희망을 가지고 살아갑니다. 어려움이 닥치면 닥칠수록 숨어 있는 '마음이 가난한 사람' 들이 여기저기에서 나타나서 함께 그 어려움을 헤쳐 나갈 것이라고 믿습니다. 또한 그 사람들의 마음에 저희도 함께 할 것이라는 다짐을 드립니다.

2010년 2월

남상덕 · 최윤정

■차 례

1. 달동네 행복이야기 _ 최윤정

1. 달동네 행복 이야기

_최윤정

가스통이 없어졌어요!

1995년 1월 16일의 일이었습니다. 저는 둘째아이가 나오려고 한 때이지요. 병원에 갔더니 예정일보다 일주일이 늦어질 것 같다더군요. 그래서 주일날 결심을 하고 성당을 걸어서 갔답니다. 세 정거장되는 거리인데 저의 집은 산동네라 굉장히 심한 운동이 되겠지요. 성당을 갔다 와서 앞집 부부와 저희 부부는 고도리를 새벽 2시까지 치고 자려고 했는데 새벽 4시부터 배가 아파 오기 시작했답니다.

그런데 밖에서 '빵'하는 이상한 소리가 나지 뭡니까. 저는 도둑이 온지 알았지요. 그래서 밖으로 나가지도 못하고, 배는 아파 오고…. 새벽 7시, 도저히 참을 수 없어 남편을 깨우고 앞집 옆집 식구들 다 깨워놓고 병원을 가려는데 문을 열자마자 가스통이 없어졌더군요. 모두들 기가 막혔지만 아기가 나오려 하니 경황들이 없었어요.

저와 남편은 큰 아이를 앞집에 부탁하고 병원으로 출발했답니다. 친정에서 산후조리를 한 후 집으로 돌아오니 남편이 가스통을 구해 놓았더군요. 한참 후에 안 사실이지만 동네 사람들은 누가 가스통을 훔쳐 갔는지 알고 있었답니다.

저는 아이들이 가스를 마시기 위해 가져 갔다고 생각했는데….

얼마 전에 이사 온 젊은(아직 어린)부부가 가스통을 들고 갔답니다. 그날 새벽에 화장실에 갔다가 그 사건을 목격한 사람이 있었거든요. 아마 그 부부는 동거를 했던 것 같습니다. 너무 가난해서 일회용 가스도 없는 상태에서 연탄불에 밥과 반찬을 만들어 먹다가 누가 버린 가스레인지를 주워 왔는데 가스통과 가스를 살 수 없어 제일 만만한 우리 집을 선택했던 겁니다.

그 많은 가스통 중 하필이면 저희 것을 가져 갔을까요? 그 부부는 이사를 갔답니다. 물론 가스통도 함께….

_ 1997.06.24.

옆집이 이사 갔어요

지난 일요일 우리 집 바로 옆에 사는 사람들이 이사를 갔습니다. 달동네에서 산 지 15년 만에 달동네를 떠난 것입니다. 진심으로 축하를 해야 하는데 섭섭한 마음이 너무 커 우울하기만 합니다. 저의 동네는 모든 집이 열린 공간이기에 내 집, 네 집 없이 수시로 들락날락거리고 아침은 이 집, 점심은 저 집, 저녁은 건너 집으로 돌아다니면서 밥을 먹는 답니다. 이 집에 숟가락은 몇 개, 밥그릇은 몇 개, 오늘 반찬은 무엇이고, 하루 동안 무슨 일이 그 집에 일어났는지 너무나 잘 알고들 지내지요.

특히 옆집 식구들은 남에게 베풀기를 좋아해서 저도 하루 종일 그 집에서 살다시피 했었습니다. 그리고 우리 아이들 역시 옆집이 자기 집인 줄 착각할 정도로 들락날락…. 워낙 아이들을 예뻐하는 사람들이라 저의 둘째 딸(3살 박이)은 아예 그 집 아줌마가 키워주다시피 했지요.

이사 간 집에 매일 출퇴근하지만 옆에 있을 때만큼은 의지가 되지 않더군요. 그러나 그 집 식구들은 처음으로 집 같은 집에 살게 되어서 너무들 즐거워하고 있더군요. 단지 우리 둘째 아이가 보고 싶어 제가 방문하기만 하면 둘째를 두고 가라고 그 집 아이들이랑 아줌마가 성화이지요. 심지어는 토요일 날 우리 아이를 데리고 가서 일요일 날 찾아 가랍니다.

아니면 아예 월요일부터 금요일까지 자기 집에 두고, 토요일 날 찾아가라나요? 이러다가 우리 둘째 아이 잃어버리는 것은 아닌지….

이 동네에 사는 사람들의 희망은 이 동네를 떠나는 것이지요. 없는 살림이지만 베풀면서 살아가는 달동네 인심에는 모두들 좋아하면서 생활의 불편함과 남들의 손가락질이 싫어서 하루라도 빨리 벗어나려고 하지요.

저희도 이 동네에 들어 온 것이 벌써 5년….

하지만 이곳을 벗어날 수 있다는 희망은 없지요.

그리고 이 곳 생활에 잘 적응이 되어 오히려 다른 곳에서 잘 살 수 있을는지도 의문이 되고요.

여하튼 옆집 식구들을 위해 '파이팅'을 외쳐 봅니다.

_ 1997.06.24.

비가 오면

달동네에 비가 오는 날이면 모두들 밤잠을 설칩니다. 특히 천둥이나 번개가 치는 날이면 아예 잠을 자지 않은 것이 습관이 되어 버렸지요.

비가 많이 온 다음 날 아침이면 서로의 안부를 물으며 모두 무사함을 기뻐합니다.

비가 오는 날에는 방안에 온통 그릇들로 채워지지요. 여기저기 빗방울이 떨어지니 세숫대야며, 바가지며 방바닥에 널려 있지요. 이것은 양반입니다.

2년 전에는 우리 골목에 사는 한 집의 부엌이 무너져 내려 앉았지요. 그리고 작년에는 우리 앞집 안방에 흙더미가 내려와서 그 원인을 찾아보니 그 뒷집 벽이 무너지고 있는 상태였습니다. 방바닥과 벽은 이미 갈라져 있어 이제껏 그 집이 버텨온 것만도 기적이었으니까요.

그런데 오늘은 저희 집 벽에서 물이 스며들어 벽지를 적시고, 벽에 붙어 자고 있던 큰 딸 아이의 다리가 젖어 있더군요. 그래서인지 아이가 기침을 하기 시작했어요.

전 비를 무척이나 좋아했지요. 비가 내리는 광안리바다는 너무나 아름다웠고, 폭풍우가 치는 날의 바다는 사악한 모든 것들을 먹어 버릴 듯한 기세로 파도가 밀려왔지요. 저는 그런 바다에서 고래고래 소리도 질러보고 노래도 불러보면서 그 강열함에 빠져들곤 했답니다.

대학시절에는 비가 오면 수업을 다 빼먹고 경복궁이나 대학로 등을 걸어 다니며 낭만에 젖곤 했답니다.

그런데 이 동네에 살게 되면서 이제 비가 싫어졌어요.

저희 동네 아저씨들은 거의 다가 건축노동자들이지요. 비가 오면 일을 하지 못하니까 수입이 적어지고, 살기가 더욱 빡빡해지고, 부부싸움이 심해지고, 술주정하는 남자들이 많아지지요.

이번 장마는 무사히 지나갈 수 있을런지 걱정입니다.

아저씨들이 집에 있으니 걱정도 되고요.

사람은 참으로 간사한 가 봅니다.

자기가 처한 상황에 따라 자연의 이치가 희비애락의 가지가지 색깔로 느끼게 되니 말입니다.

이번 장마에 울 동네 집들이 무사하기를 바라면서 비 오는 날 새벽에 홀로 일어나 이 글을 씁니다.

_ 1997.06.27.

신학생의 현장체험 1

가난한 지역에는 오래 전부터 수도자와 신자들이 모임을 가지고 지역 주민들을 위해 일해 오고 있습니다. 천주교도시빈민회(천도빈)가 그 대표적인 단체이지요. 가난한 지역에서 아기방이나 공부방, 무료 의료진료, 상담소 등등…. 이러한 곳을 보통 센터라고 부르고 있답니다. 그런데 해마다 현장체험을 하러 수도자, 신학생, 수녀님, 사목위원들이 센터를 방문하지요.

이러한 현장체험들 중 한 가지를 소개하고자 합니다.

94년 12월 말경 전주교구에서 신학생들이 서울에 있는 각 센터로 올라오게 되었지요. 약 1개월가량 지내는 체험이었는데 우리 동네에는 두 사람의 신학생이 배치되었습니다.

보통은 센터에서 생활하면서 체험을 하는데 저희 동네의 센터(난곡 주민회관)는 너무나 춥고, 공부방이며, 여러 가지 프로그램이 그 당시에 진행되고 있어서 생활하기에는 너무나 힘든 상황이었기에 저희 집에서 생활하기로 했습니다. 졸지에 저희 부부는 두 사람을 교육시키는 임무를 맡게 되었지요.

이 두 사람은 올해 1월에 전주교구에서 사제서품을 받았습니다.

사제서품을 받자마자 서울에 올라와 저희들을 찾았고, 첫 미사를 주민회관에서 가졌답니다. 그 미사에 참가한 모든 사람들은 감격했답니다.

두 신부님은 그 추운 날씨에도 땀을 뻘뻘 흘리면서 거기 모인 모든 사람들에게 안수기도를 해 주셨습니다.

그리고 모든 사람에게 진심으로 감사하다고 하셨지요.

아마 이 두 분은 그 누구보다도 가난한 이들과 함께 하시는 신부님이 되실 것이라고 생각합니다.

두 분 신부님께 주님의 평화가 항상 함께 하시길 바라며….

_ 1997.06.28.

신학생의 현장체험 2

생활비가 떨어진 시몬학사는 어쩔 수 없이 취직을 해야만 했지요. 이 동네에서는 도저히 불가능하다는 판단 하에 아는 사람의 소개로 강남에 있는 어느 과학학원 버스기사로 며칠간 일을 하기로 했습니다. 열심히 일해서 돈을 좀 벌었지요.

그러나 돈만 번 것이 아니었습니다. 시몬학사가 처음에 그곳에 갔다 온 날 이런 말을 하더군요. 같은 서울 하늘 아래인데도 그곳과 이곳은 너무나 틀리다고 그 곳은 별천지 같더라고요.

그리고 공부방 아이들을 좋아해서 자주 놀아 주었기에 이 동네 아이들의 심성을 잘 알고 있는 학사는 그 지역의 아이들을 보고 너무나 놀라워했지요. 강남의 아이들은 세련되고, 왠지 차갑고, 깔끔하고, 어른스러웠는데 전혀 정이 가지 않았다고요. 아이들은 다 같은 아이들인데 환경에 의해 너무나 다른 모습을 가지게 되는 것을 보고 많은 것을 느꼈나 봅니다.

여하튼 월급으로 과일을 잔뜩 사들고 와 저희에게 주면서 환하게 웃던 모습이 생각납니다.

_ 1997.07.03.

땅을 가꾸는 사람들

오늘 저는 6년 동안 달동네에 살았으면서도 한 번도 걸어보지 못했던 길을 걸었습니다. 참 한심한 일이지요?

100미터를 걸어 내려가 옆으로 꺾어진 길이었는데 산길이었죠.

옆집 아줌마 말로는 이 산골에 흐르는 골짜기 물에서 예전에는 빨래를 했더랍니다.

비가 많이 왔던 까닭인지 너무나 맑은 물이 흐르고 있었고, 길은 진흙탕이었습니다.

예전에 농촌활동을 할 때 느꼈던 냄새가 물씬 풍기더군요.

그런데 그 산에 난 길은 겨우 한 사람이 지나갈 정도였지요.

모든 땅이란 땅에는 별의별 식물들이 자라고 있었습니다.

이 동네에 사는 사람들 대부분은 농촌 출신들이라 조그만 땅만 발견을 하면 거기에다 상추나 고추, 열무 등등을 심는 답니다. 그 산에는 모든 땅이 밭으로 만들어져 옥수수며, 감자, 상추, 깻잎, 콩잎, 가지 등등이 심어져 있었습니다. 물론 저는 그런 것들을 다 구별하지는 못하지요. 같이 갔던 아줌마의 설명으로 저와 큰 아이는 고개만 끄덕일 뿐이었지요.

이 동네 사람들에게는 땅이란 것이 그냥 땅이 아닌가 봅니다. 땅은 인간에게 무한한 것을 줄 수 있다는 생각으로 살아가는 사람들. 한평생 소원이 자기의 땅을 가지고 농사를 짓고 싶어 하는 사람들의 손길이 거기에 있었습니다.

그들은 계절 감각에 민감하고, 자연에 대해, 동물에 대해 사랑할 줄 아는 사람들이랍니다.

땅을 가꾸면서 그들은 고향을 생각하고, 언젠가는 성공하여 고향으로 돌아가고자 오늘도 희망을 버리지 않고 살아가고 있겠지요. 수십 년의 가난한 생활과 대물림하는 가난한 삶에서도 말입니다.

_ 1997.07.07.

동네 곗날

매달 둘째 주 토요일은 동네 곗날입니다.

우리 골목 식구들 중 여섯 가족이 모여 저녁 식사를 하는 날이지요.

계를 시작한 것이 벌써 17개월. 매달 2만원씩 회비를 거둬 적금을 붓지요. 현재 약 180만 원 정도 모여졌습니다.

계를 하기 전에는 일주일이 멀다하고 동네 비좁은 골목에서 잔치를 하다 보니 윗동네에 사는 사람들에게 피해도 되고, 여섯 가구 중 이사 가는 사람들도 생겨서 계를 조직했답니다.

한 가구씩 돌아가면서 음식을 준비하고 그 동안에 있었던 일들이나 동네에서 일어나고 있는 일들에 대해 의논도 하고 성토도 하면서 보내지요.

그런데 우연치 않게도 여섯 가구 중 네 가구는 딸딸이, 한 가구는 딸, 한 가구는 노총각(그런데 두 여동생과 함께 생활하고 있으니 딸딸이에 포함)으로 구성되었지 뭡니까? 그러다 보니까 아들 가진 사람들을 배척하는(?) 경향이 생겼습니다.

우리가 계를 조직한 이유 중 가장 큰 것은 돈을 좀 모아서 여름에 피서를 가는 것이었습니다.

이 동네는 피서를 간다는 것이 꿈에서나 있는 이야기로만 들렸기 때문에 모든 가족이 함께 버스를 1대 빌려서 놀러가는 것이 커다란 희망이었죠.

2년 동안의 결실이 눈앞에 와 있는데 글쎄 한 가족이 놀러가는 것에 반대를 하지 뭡니까? 왜냐하면 그 집이 얼마 전부터 음식점을 하게 되었는데 쉴 수가 없는 상태라서 말입니다.

전 어떻게 해서라도 추진을 해 보려고 했는데 반대하는 집 아저씨가 워낙 주장이 강하신 분이라 아무도 거역하지 못했답니다.

어떻게 하면 좋죠?

_ 1997.07.14.

신학생의 현장체험 3

신학생들이 현장체험 왔던 그 해에는 설날이 1월에 있었습니다. 그래서 저희 가족은 시댁이며, 친정에 가야 했기 때문에 집을 비울 수밖에 없었습니다. 다른 사람들도 마찬가지이었지요.

그렇게 되니 자연히 동네에서는 신학생 2명만 우리 집에 남게 되었지요.

명절을 보내고 친정에서 걱정이 되어 집에 전화를 걸었더니 빨리 집으로 돌아오라고 간청을 하더군요.

집에 돌아와 보니 설거지며, 청소는 말끔히 되어 있는 상태였지요. 시몬학사가 워낙 설거지를 깨끗이 잘 했거든요.

그 동안 어떻게 지냈냐고 물어 보았더니….

안방에 누워서 텔레비전만 봤다는 것입니다.

식사는 어떻게 했냐고 물었더니 '우리밀 칼국수'를 한 냄비 끓여서 아침에 칼국수, 점심에 칼국수, 저녁에 칼국수를 먹었답니다.

그 당시 저의 남편이 '보리식품'이란 회사를 다니고 있어서 유통기간이 지난 '우리밀 칼국수' '보리 생 칼국수' '쌀 칼국수' 등등이 냉동실에 가득 있었거든요.

명절에는 일거리가 없기 때문에 일을 할 수도 없었고, 아는 사람들은 동네에 없는 상태라 어쩔 수 없이 방콕만 하고 있었겠지요.

신학생들이 하는 말….

너무 외로웠다고….

이렇게 외로운 명절은 처음이라고….

사람이 이렇게 그리운 줄 처음 알았다고….

지금은 신부님이 되셨으니 외로운 명절은 보내지 않고 있겠지요!

그리고 명절 때마다 외로웠던 난곡의 명절을 기억하고 있겠지요!

_ 1997.07.14.

구더기는 정말 싫어

장마철이라서 그런지 쓰레기차와 변소차가 1주일 동안 오지 않고 있었습니다. 거기다가 쓰레기 수거 날 제가 늦잠을 자는 바람에 미화원 아저씨들이 저의 집 쓰레기통은 뒤지지 않고 갔기 때문에 쓰레기가 2주일가량 썩고 있었지요. 밖에 쓰레기를 놓아두면 밤새 도둑고양이가 물어뜯어 쓰레기를 흩어놓기 때문에 밖에 내놓지도 못하는 사정이었습니다.

제가 일이 있어 하루 집을 비운 사이에 사건은 벌어졌습니다.

집안 청소 후 쓰레기를 버리려고 하는데 쓰레기통 뚜껑에 붙어있던 구더기 100여 마리가 후드득 떨어지는 것이 아닙니까?

전 기절할 뻔 했지요. 앞집에서 파리약을 빌려와 뿌렸지요.

그런데 이번에는 변소가 문제였습니다. 변소 통이 이 동네에서 저의 집이 가장 크고, 식구가 적어 가득 찬 적이 없는데 이번에는 넘칠 것 같은 위기였지요. 거기다가 구더기들이 기어 다니는 바람에….

약국에 가서 농약(우리 동네에만 판매)을 10배 정도 희석시켜 변소에 뿌렸지요.

구더기가 매일 밤 꿈속에 나타나 저를 괴롭혔지요.

이틀이 지난 어느 날 '나의 살던 고향은'이란 노래가 울려 퍼지더군요. 이 종소리는 변소차가 왔다는 것을 알리는 것이지요.

쓰레기차도 왔었지요.

우선 쓰레기를 과감하게 버리고, 죽지 않은 구더기들을 죽이기 위해 쓰레기통에 물을 가득 붓고, 변소를 청소하고, 변소를 펐지요(요즘 변소 푸는 가격은 5천원).

변소를 푼 후 신문지에 불을 붙여 변소 통에 집어던지고 얼른 문을 닫았습니다. 그러면 향기가 좋고, 소독이 되거든요.

그 다음 쓰레기통의 물을 골목에 흘려보냈지요.

미안한 마음에 골목 끝까지 물청소를 했답니다.

골목 첫 번째 집 아줌마가 너무 감격해 하면서 토마토를 잔뜩 싸주더군요. 남의 속도 모르고….

정말 구더기가 무섭다고 앞집 아줌마에게 말을 했더니, 그것 가지고 뭘 그렇게 호들갑 떠냐고 하면서 그게 싫으면 돈 많이 벌어서 파출부 쓰래요.

그럴 능력이 없으니 구더기와 동고동락해야 하는 건지?

구더기는 정말 싫어요.

그래도 오늘 만큼은 기분이 상쾌합니다.

_ 1997.07.22.

이 소탕작전

4월 초 어느 날 큰 아이가 자기의 머리에서 벌레가 나왔다고 했습니다. 개미가 나왔다 하기도 하고….

다음 날 아침 어린이집 선생님에게 물어보니 큰 아이 머리를 빗기다가 이가 나왔다는 것입니다. 이 날부터 선생님들이 우리 아이들의 머리를 빗겨주지 않는 것입니다.

믿을 수 없었지요. 요즘에도 이가 있다니. 그리고 매일 머리 감기고 목욕시키는데 무슨 이?

직장에서 돌아와 아이의 머리를 뒤지기 시작했습니다.

그런데 정말 시가래(서캐)가 수두룩하지 뭡니까?

그날 밤부터 저는 아이의 머리를 붙들고 늘어졌지요.

그러다가 옆집 아줌마에게 들키고 말았습니다.

무엇보다 아이들이 친구들로부터 소외될까 봐 걱정이었습니다. 그래서 어린이집 엄마들에게는 말을 할 수가 없었습니다.

드디어 이 소탕작전은 아줌마들이 시작하게 되었답니다.

참빗을 구하기 위해 온 동네를 며칠 동안 뒤졌지만 없었고, 직장 근처 빗 파는 집을 다 뒤졌건만 없었습니다.

그런데 우연치 않게 퇴근하다가 집 근처에서 장애우들이 끌고 다니면서 판매하는 리어카에 참빗이 있는 것을 발견하고 거금 4천 원을 주고 샀습니다.

그 날 저는 우리 식구 모두의 머리를 참빗으로 박박 빗겼지요.

큰 아이의 머리에서 큰 이들이 7마리나 떨어지는 것이 아닙니까? 작은 아이의 머리에서는 아주 자그마한 이가 2마리, 저의 머리에서도.

그러나 남편의 머리에서는 발견되지 않았습니다.

옆집 아줌마가 유난히 서캐를 잘 잡아내었기 때문에 아이들을 어린이집에서 데리고 오는 즉시 그 집에서 소탕작전을 벌렸지요.

한 달가량 그렇게 하고 나니 별 이상이 없었습니다.

그런데 6월 중순경 작은 아이를 데리고 갔던 아줌마가 그 아이의 머리에서 이를 발견했다는 것입니다.

또다시 긴장.

다시 매일의 전쟁은 계속되었습니다.

이제는 정말 안심해도 될 정도로 상태는 호전되었고, 우리의 소탕작전은 성공적으로 끝났습니다.

제가 국민학교에 다닐 때 저의 머리에도 이가 무척이나 많았지요.

하루는 어머니가 이상한 흰 가루를 저의 머리에 뿌려주셨지요.

너무나 근지러웠습니다.

긁지 말아야 한다는 어머니의 언명에 참아내느라 고생을 무척 했었지요. 그 이후로 저의 머리에는 이가 없어졌습니다.

그러나 후유증은 몹시 심각했답니다.

지금도 저의 머리 밑은 엉망입니다. 껍질이 벗겨지는 것이지요.

처음엔 비듬인 줄 알았습니다. 그러나 저의 머리 밑을 본 미장원 아줌마들의 한결같은 의견은 껍질이 벗겨지는 것이랍니다.

참빗으로 몇 번 빗었더니 피도 나고 머리 밑이 무척이나 아프더군요.

그러나 이러한 기억보다는 어머니 허벅지에 머리를 갔다대고 엄마의 냄새를 맡던 따뜻함입니다.

물론 아프기도 했지만 그 따스함에 비해 별 게 아니었지요.

역시 어머니라는 존재는 마음의 고향인가 봅니다.

_ 1997.07.23.

반가운 이웃

외출하고 돌아오는데 골목에서 시골에 갔던 앞집 아들(초등 6학년)이 저를 반기면서 우리 집 아이들을 찾더군요.

오늘 밤 늦게 나 올 줄 알았는데 아침차로 왔다는 것입니다.

아줌마는 시골에서 힘들게 가져온 양파와 고추를 한 바구니 나누어 주셨지요. 저는 반가움을 어떻게 표현해야 할 지 몰라서 냉커피 3잔과 맥주 1병을 들고 앞집으로 건너갔습니다.

아저씨 몰래 맥주를 나누어 먹은 후, 냉커피를 마셨지요.

시골에서 모기 물린 이야기며, 들판에서 삼겹살 구워 먹던 이야기, 미륵사지석탑 구경한 이야기 등등을 들었습니다.

전 아줌마에게 김치를 잘 못 담근 이야기를 하였지요.

제 스스로 김치를 담가 보려고 시도했다가 배추가 덜 절어져 김치가 맹탕이 되어 버린 이야기며, 처음 양념을 했더니 부추에서 석유 맛이 나서 다 버린 이야기를 했더니 조금만 참고 기다리면 담가 줄 텐데 쓸데없는 일을 벌였다고 야단을 맞았지요.

어린이집에서 잠자고 있는 아이들을 깨워 데리고 오는데 앞집 아들이 어린이집 근처까지 와 있더군요. 막내딸과 앞집 아들의 상봉은 정말 눈물 날 정도였습니다. 잠이 덜 깬 딸이 저에게 안겨 오다가 오빠를 보는 순간 저를 밀쳐내고 오빠에게 얼른 안기지 뭡니까?

저녁때가 되자 아줌마가 고구마줄기로 만든 반찬과 고추 졸임을 가져다주시더군요. 남편에게 오늘은 일찍 오라고 전화를 했더니 벌써 퇴근을 했답니다. 그런데 집으로 퇴근한 것이 아니라 약속이 있었다는 군요. 그래도 남편 올 때까지 굶기로 했지요. 실은 저도 오늘은 몇 가지 반찬을 만들어 놓았거든요.

오래간만에 앞집 아줌마 덕에 밥상같은 밥상을 차렸는데….

_ 1997.07.25.

노가다 아저씨

이사 간 아줌마가 며칠 전에 우리 집에 와서 '알로에 젤리'를 빌려 달라고 했지요. 아저씨가 등에 진물이 날 정도로 화상당했다면서….

'알로에 젤리'는 아이들이 가벼운 화상을 당했을 때 쓸려고 비상약품(화장품)으로 가지고 있었던 것입니다.

그런데 앞집 아저씨도 화상의 정도가 만만치 않아 그 집에 반을 덜어주고 나머지를 몽땅 다 이사 간 아줌마에게 주었답니다.

그 아줌마가 어제 우리 집에 왔다가 다시 우리 식구와(남편 빼고) 함께 이사 간 집으로 갔었습니다. 제가 며칠 밤 고민하느라(쓸데없는 고민) 잠을 제대로 자지 못해서 그 집에서 잠을 자고 있는데 아저씨가 술을 한 잔 걸치시고 들어오셨더군요.

그 집 작은 아이가 목욕을 하고 나서 아버지에게 알로에 젤리를 발라주는 것을 보니 정말 장난이 아니더군요. 등에는 진물이 날 정도였고, 어깨는 껍질이 벗겨지고 또 벗겨진 상태이고, 팔뚝과 손에는 시멘트가 지워지지 않은 상태였지요.

그래도 그 화장품을 바르고 일을 하니 조금은 괜찮은 것 같다고 말씀을 하시더군요.

요즘 일산 어느 학교에서 일(미장일)을 하고 계신데 비가 오기 전에 일을 끝마쳐야 한다며 건물 주인이 일하는 사람들을 옥상에 몰아넣었답니다.

건물 안이 아니라 밖에서 일을 하다 보니 옷을 입지 않은 곳은 화상당한 것처럼 되더라는 군요.

아플 텐데, 허허 웃으시기만 하셔서….

전 얼른 저녁밥만 얻어먹고 아이들을 데리고 집으로 왔습니다.

남편이 퇴근해서 돌아와 하는 말이 "여름동안 아이들 데리고 어디 좀 가 있어. 우리 집은 너무 더워"

전 참아내기로 했습니다.

이 더운 날씨에 열심히 일하는 사람들을 생각하면서 말입니다.

_ 1997.07.25.

이웃에 대한 배려

시골 갔던 이웃들이 돌아왔지요.

이사 간 아줌마가 조카들까지 데리고 우리 동네를 방문했지요.

오래간만에 동네가 시끌벅적 거렸답니다.

그 조카들이 우리 집에 들어오지 않고 밖에서 서성거렸지만 전 방관만 했지요. 그런데 앞집 아줌마가 자기 딸을 시켜 사이다와 콜라를 사 오고, 저에게 돈을 주면서 통닭 2마리를 시키라는 것입니다.

사실 그 날 저에게는 돈이 없었거든요.

방에다 신문지를 깔아 놓고, 10명이서 닭을 뜯고, 사이다와 콜라를 마셨습니다.

남에 집 조카들을 자기네 조카처럼 생각하는 마음….

정말 남에 대한 배려의 마음이 없다면 이러한 생각들은 불가능할 것입니다. 전 또 배웠지요. 남을 배려할 줄 아는 마음을 가진 다는 것에 대해 말입니다.

이사 간 아줌마는 보리밥을 준비하겠다고 하더군요. 그 아줌마 보리밥 솜씨는 누구도 못 따라 가거든요. 큰 양푼에 보리밥을 몽땅 넣고, 맛있게 끓인 된장국(특히 호박과 풋고추가 어우러진 맛과 아줌마가 직접 담근 된장의 맛)을 간에 맞게 넣은 다음 방금 담은 열무김치를 함께 넣어 비비지요. 여기다가 참기름을 약간 넣으면….

그 아줌마의 말

"식구끼리 먹으면 맛이 없잖아요. 그러니까 보리밥 할 테니 모두 가서 먹읍시다."

하지만 전 그 날 못 갔어요.

성당에 가야만 했거든요.

내일이나 모레 쯤 보리밥 하라고 종용해야겠어요.

앞집 아줌마도 보리밥이 너무 먹고 싶다고 하도 보채니까요.

_ 1997.08.05.

개떡과 송편

옆집 아줌마가 시골에서 쑥을 가져 왔습니다.

그것으로 개떡을 해 먹자고 하더군요.

어제부터 쌀을 물에 불려 두었다가 아침 일찍 방앗간에 가서 빻아 왔지요.

전 개떡을 별로 좋아하지 않거든요.

저의 시어머니는 수시로 개떡을 만들어서 동네 사람들에게 나누어주시는 것이 취미이신지라 지겹게 먹었거든요.

큰 아이에게 개떡을 처음 주던 날 아이가 하는 말,

"엄마, 이거 개가 먹는 거야?"

실은 저도 처음엔 그렇게 생각했었거든요.

아줌마를 설득해서 개떡 말고 깨를 넣은 송편을 만들어 먹기로 했지요.

그 동안 열심히 볶아 놓은 우리 집 깨를 몽땅 절구에 빻아서 설탕과 함께 버무려 송편을 만들었는데 송편의 모양이 제대로 나오지 않더군요. 만두 모양처럼 되기에 우리가 먹을 거니까 걱정 없다고 위안을 하면서 만들었지요.

하지만 깨가 모질라 나중에는 개떡을 만들었습니다. 큰 냄비에 쪄서 참기름을 바르니 정말 맛이 기가 막히더군요.

이 사람 저 사람 나눠 주다 보니까 먹을 게 별로 남지 않았어요.

이사 간 아줌마까지 먹으러 왔으니….

천사님들….

혹시 개떡 먹어 보셨어요?

먹어 보지 못하신 분들은 제가 특별히 만들어서 시식회를 해 보이겠습니다. 언제가 될지는 모르지만요.

_ 1997.08.08.

남편과 아내 사이

요즘 남편이 책을 쓴다고 새벽까지 컴퓨터에 앉아 있습니다.

어제는 그런 남편이 심심해하지 말라고 옆에서 지켜주기로 했지요.

새벽 1시에 겨우 아이들을 재우고 남편의 등 뒤에서 작업하는 것을 바라보며 전 망치질을 했습니다.

캔 맥주 하나씩 먹으면서 서로 각자의 일을 했더랍니다.

2시간여 동안 서로 말없이 각자의 일을 하면서 자기의 일에 몰입한 적은 거의 없었는데….

저희 부부는 같이 있으면 계속 말을 하거든요.

매일매일 이야기를 하는데도 무슨 할 말이 그렇게도 많은지….

전 항상 남편에게 고마운 마음을 가지고 있답니다.

제가 어떤 일을 저지르려고 할 때 거의 반대를 하지 않지요.

그 일이 잘못된 일이 될지라도 우선 제가 그 일을 할 수 있게 도와준답니다. 이번 부업도 마찬가지입니다.

시간당 500원 정도 벌까 말까하는 일임에도 어떻게 하면 도와줄까 고민하면서 부업한답시고 집안을 엉망으로 만들어 놓아도 조용히 청소를 해 주지요.

큰 아이가 세 살이었고, 작은 아이가 7개월 되었을 때 구의동에 있는 우리밀살리기운동 농산물 판매점에서 일을 하려고 했지요. 집에서 너무 멀고, 일이 고되었지만 남편은 내가 하고 싶다니까 일을 하도록 주선해 주었지요.

96년 2월에는 책 세일즈를 했었습니다. 9월에는 카페를 선배언니 대신 운영도 했었고요. 카페를 운영할 때 동네 사람들과 친정 식구들은 잘 알지도 못하면서 술집이라며, 여자를 술집에 내 보내려고 한다고 남편을 윽박질렀지요. 커피나 음료가 주종이고 병맥주를 좀 팔았을 뿐인데요.

그래도 묵묵히 도와주더군요.

여러 가지 일들을 했지만 한 가지도 제대로 한 적이 없는 저이지만 그래도 저를 믿어준답니다.

연애할 때 남편이 제게 가장 많이 들려주던 노래가 생각납니다.

"난 네가 좋아하는 일이라면 뭐든지 할 수 있어

난 네가 기뻐하는 일이라면 뭐든지 할 수 있어…."

아마 이 노래의 가사처럼 남편은 살아가고 있는 것 같습니다.

_ 1997.08.12.

돕는다는 것은

94년 6월부터 6개월 가량 난곡에서 재활용센터 같은 곳을 운영한 적이 있었습니다. 헌 옷가지들을 모아서 정리하고 그것들을 500원에서 2,000원 정도에 판매해 수익금을 재활용센터(난협) 운영에 썼지요. 빨래비누도 만들어서 판매를 하구요, 기타 여러 가지 물품들을 판매했었습니다.

8월 어느 날이었던 것으로 생각됩니다.

강남 어느 아파트에서 옷을 모아 놓았으니 가져가라는 연락을 받고, 봉고차를 빌려 그 옷가지들을 싣고 왔지요.

몇 명의 아줌마들의 도움으로 옷을 정리하게 되었는데, 그것은 옷이 아니었습니다. 여자들 속옷, 남자들 속옷, 양말…. 즉 쓰레기들이 가득한 옷더미들이었습니다. 도와 주셨던 아줌마들과 저는 너무 실망을 했습니다. 마치 거지에게 동냥 주는 듯한 그 사람들의 마음들을 읽었기 때문이죠.

자신들에게 쓸모없는 것은 다른 사람에게도 쓸모가 없다는 사실들을 아는지 모르는지….

그리고 아침에 난협 사무실에 나가면 문 앞에 가득한 옷더미들을 만납니다. 처치 곤란한 옷들을 밤새 몰래 사무실 앞에 버리고 가는 것이지요.

하지만 이런 일도 있었습니다.

젊은 새댁이었는데 난곡성당에서 이야기를 듣고 왔다면서 트렁크에 옷을 가득 넣어 저에게 건네주더군요. 그 옷들은 잘 세탁이 된 것은 말할 것도 없고, 다림질까지 되어 있었습니다. 그 무거운 옷 가방을 버스 타고, 물어물어 난협 사무실까지 찾아오느라 무척 고생했음에도 불구하고 그 새댁은 부끄러워했답니다. 자기가 생각하기에 쓸 만한 옷가지들을 가지고 왔지만 혹시 쓸모없는 것은 아닌지 걱정을 하더군요. 그리고 자신이 한 일이 달동네 사람들에게 도움이 되는지도 물어보더라고요.

전 그 새댁의 깊은 마음을 읽을 수 있었습니다. 고맙다고 표현은 했지만 진심으로 그 여인의 아름다운 마음에 어떻게 보답해야 할지 알 수가 없었습니다.

가끔 달동네 사람들을 위한답시고 재고 물품들을 보내는 사람들이 있습니다.

지난번에 어느 유명한 도넛공장에서 공부방 아이들에게 도넛을 보내 왔습니다. 빵이 많이 남아서 공부방 대표되시는 분이 저희 집에까지 가져다주시더군요. 그런데 그 빵을 먹어 보고 전 버릴 수밖에 없었습니다. 빵 안의 크림이 상해 있었던 것입니다. 즉 팔다가 남아서 처리하기가 곤란하니까 생색도 낼 겸 그 많은 빵을 공부방으로 가지고 왔던 것입니다.

남을 돕는다는 것은 쉬운 일이 아닙니다. 그리고 돕는다는 의미보다는 나눈다는 의미를 가질 때만이 진실된 사랑이 전달된다고 봅니다. 물질적으로 곤란하다고 해서 인간이 아닌 것은 아닌데….

_ 1997.08.19.

불이야

오후 4시경 어디선가 타는 듯한 냄새가 진동을 하더군요.

우리 동네는 화재에 관해 민감하기 때문에(가스통이 집밖에 줄줄이 세워져 있는 관계로) 혹시 어느 집에서 가스에 무언가 타고 있는 것이 아닌지 걱정이 되어 나와 보았더니….

150m 떨어진 곳에서 불이 났다는 것입니다.

지난겨울, 우리 동네에서도 불이 난 적이 있습니다. 50m 아래에 있는 산에서 불이 났는데 차가 2대 전소되고, 가스통 하나가 터졌다나?

그 날 새벽 1시경 우리 집 문을 누군가가 두드리기에 남편과 저는 동네 아저씨들이 남편과 놀기 위해 불러내는 것으로 알고 자는 척….

그런데 동네가 점점 시끄러워지기 시작하더군요.

호기심이 발동한 남편이 슬며시 나갔는데, 불길이 보이더랍니다. 우리는 너무 놀라 우선 자고 있는 아이들을 근처 목사님 집으로 옮겨 놓고, 전 다시 집으로 돌아와서 통장이며, 패물을 싸서 목사님 집으로 갔지요(통장에 잔액도 별로 없고, 패물도 결혼할 때

받은 것 밖에는 없는데). 우리 집에서 조금 올라가니 불이 난 현장이 보이더군요.

겁에 질려 있는 저와는 정반대로 동네 사람들은 불구경을 하고 있더라구요. 점점 불길은 잡히고…. 그 새벽에 동네 사람들은 불구경을 하기 위해 더 높은 곳으로 올라가고, 더욱 궁금해 하는 사람들은 사건 현장으로 가더군요.

저의 호들갑 때문에 동네 사람들은 웃었지요.

다들 너무나 느긋하지 뭡니까?

'자라 보고 놀란 가슴, 솥뚜껑 보고도 놀랜다'는 속담처럼 저는 또 한 번 놀라고 말았습니다.

오늘 화재로 별 탈 없었으면 좋겠는데….

얼마 전 저희 집 위에 있는 시장에 불이 났는데, 모두 무허가 건물들이라 보상을 받지 못한데다가 그 건물 주인이 도망가는 바람에 그 시장은 완전히 귀신 나올 것 같은 상태가 되어 버렸습니다. 동사무소나 구청에서도 도울 방도가 없다고 하더군요.

일단 구조물품들을 구하는 즉시 나누어주기도 했지만 그 사람들의 생활 터전이 망가져 버려 어떻게 도와주어야 하는지 막막하기만 했습니다. 몇 분은 현재 길거리에서 노점을 하고 있지만 다른 분들은 어떻게 지내는지 알 수가 없군요. 플랜카드도 내 걸고 한 참을 싸워 보았지만 아무런 소득 없이 끝나고….

이러한 재앙이 없었으면 좋겠는데….

_ 1997.08.28.

도배 1

요즘 우리 동네에서는 집집마다 가을준비로 바쁩니다.

도배도 새로 하고, 길도 다시 보수 하고, 대청소도 하면서 말입니다.

오늘 저희 집도 도배를 했습니다.

안방에 우선 보이는 곳만 도배를 했는데도 남편과 저는 하루 종일 매달렸고, 기진맥진 되었지요.

그리고 방문 2개를 떼어다가 물을 뿌려 창호지를 찢어 내고, 새하얀 창호지로 단장을 했습니다. 아직 저희 집 방문은 창호지 문이거든요.

제가 실수로 풀칠을 종이에 하지 않고 문틀에 하는 바람에 풀이 덕지덕지 묻었지만 너무 잘 되었어요.

동네 사람들이 도배된 우리 집을 보고 두 사람의 노고에 아낌없는 칭찬을 해 주어서 더욱 기뻤습니다.

제가 방문에 창호지를 붙일 때 동네 할머니가 지나가시면서 하시는 말씀이, 옛날에 추석이 다가오면 집집마다 창호지로 방문을 바르고, 창문을 바르면서 보냈다고 하네요.

창호지를 붙이면서 옛 조상들을 한 번 생각해 보았답니다.

자연의 이치에 맞게 살아가셨던 조상들….

추석이 다가오면 집 단장 하느라 분주하고, 조상들의 묘도 단장을 하지요.

우리 두 사람, 서로 칭찬을 해가면서 뿌듯해 한 하루였습니다.

태어나서 이렇게 힘든 일은 거의 해 본 적이 없는데, 하고 나니 마음이 개운하고, 상쾌하네요.

내일은 동네 골목 공사를 할 것 같습니다.

모래는 동네 골목에 확보해 놓았고, 시멘트는 반장 집에 있다고 하는데….

얼마나 많은 사람들이 그 일에 참여할 지가 궁금하네요.

여하튼 오래간만에 우리 부부는 뜻 깊은 일을 했네요.

_ 1997.08.31.

도배 2(남편의 글)

이제는 9월이니 가을이라고 할 수 있겠지요?

음 아직 8월 말일인데….

하지만 내일부터는 9월이니까 진짜 가을이지요.

근데 왜 날씨는 이렇게 더운지 모르겠군요.

아마도 추석이 지나야 진짜 가을이 시작될런가 봅니다.

오늘은 가을 준비로 그 동안 별러왔던 집안 도배를 했습니다.

집 사람과 둘이서 땀 뻘뻘 흘리면서 도배를 하니까 그래도 마음은 흡족합니다.

올 겨울까지는 무사히 지나가야 할 텐데…. 어쩔지 모르겠네요.

우리 사는 집은 달동네의 8평짜리 집입니다.

사방이 반듯반듯한 집이면 도배하기도 쉬울 텐데 이것은 원 반듯한 구석은 없고 온갖 경사로 여간 어려운 일이 아니었습니다.

이곳을 탈출하려고 마음을 먹다가 막상 도배를 해놓고 보니 그래도 사람 살 수 있는 곳이라는 생각이 듭니다. 어쩌면 이웃 사람들에게는 이러한 주거공간만이라도 있다는 것이 행복일지 모른다는 생각이 들어 괜히 미안한 마음도 듭니다.

주거의 문제가 부동산 투기로 둔갑한 이후 정말 많은 사람들이 집 문제로 많은 고민을 하고 있습니다. 가을이 다가오면서 전세살이 하는 사람들은 또다시 돈을 올려주던지 아니면 이사를 가던 지의 양 갈림길에서 고민 아닌 고민을 할 수밖에 없는 우리 현실이 안타깝기만 합니다.

하지만 우리는 그런 걱정은 안하고 삽니다.

집값 올려 달라는 이야기는 전혀 없기 때문이지요. 그저 아무 소리 않고 오래 살아주는 것이 고마울 것이니까요. 난곡의 달동네 8평짜리조차 집주인이 자기 집에서 사는 사람은 이제 10% 정도나 될 겁니다.

주거의 문제가 언제쯤 해결되어 집 없는 서민들이 집 걱정 안 하고 살 수 있게 될지….

_ 1997.09.02.

김밥

오늘 아이들이 견학을 갑니다.

그래서 전 오늘도 김밥을 20개 정도 말아야만 합니다.

자모회장이 집안 사정상 그만두고 제가 임시로 자모회장을 맡았기 때문이지요.

지난 4월 어린이집 자모회장이 소풍 하루 전날 갑자기 나에게 선생님들 도시락을 싸라고 전화가 왔더군요. 전 그 당시 직장을 다니고 있었고, 음식 솜씨가 없었던 터라 걱정이 태산이었지요. 아이들이 견학을 가거나 소풍을 갈 때 식당에 주문을 해서 김밥 도시락을 마련했었거든요.

마른하늘에 날벼락을 맞은 기분이었습니다.

저가 이런 사실을 동네 사람들한테 하소연했더니 다른 때 같으면 흔쾌히 김밥을 말아 주겠다고 했을 텐데 아무도 도와 줄 생각을 하지 않았어요. 일단 시장을 보고 새벽 4시에 일어나 김밥 재료를 준비하고 밥을 했는데 우리 집 밥솥이 작아서 겨우 8개 정도 김밥을 말을 수밖에 없었지요. 새벽 6시 30분 경 옆집 아줌마가 우리 집으로 오셨더군요. 밥까지 해 가지고…. 밥에다 양념하고, 20개의 김밥을 만들었습니다.

제가 먹어 봐도 정말 맛이 좋았지요.

어린이집 원장님이랑 선생님들에게 칭찬도 들었고요.

근데 이것을 빌미삼아 제가 자모회장 대리가 되었답니다.

그 다음부터 전 김밥을 준비할 사정이 생기면 20개를 만듭니다.

옆집, 앞집 아이들 도시락을 싸 주고, 동네 아줌마들과 아침을 김밥으로 파티하고, 남편 직장 사람들 도시락까지 싸 주게 되었지요.

하지만 역시 걱정이 되는군요.

오늘 새벽에 또 20개를 말아야 한다니….

밥 양념은 잘 될 지 의문이구요.

원장님에게 어제 전화가 왔더라고요.

맛있는 것을 준비해 달라고….

그래서 떡도 맞추고, 치킨도 맞추고, 음료수도 사다 놓고, 과일도 준비하고….

내 아이들은 챙기지 못하면서 선생님들을 챙기고, 버스 기사까지 챙겨야 하는 저의 심정을 누가 알아주나요?

정말 엄마 되기가 힘드네요.

_ 1997.09.09.

가난이 무기?

오늘 성서모임이 있었습니다.

고린토전서 13장과 14장.

'사랑'에 대해 과제를 받아서 생각을 많이 했었답니다.

얼마 전 우리 동네 한 가구에 불이 났습니다.

그런데 그 집 안주인 듯한(임신 5개월) 여자와 그 여자의 시어머니(아님 친정어머니)가 저의 사무실로 찾아왔습니다.

처음에는 옷가지들을 요청하기에 그 동안 모아 두었던 옷들을 막 꺼내려고 하는데 그 옷들은 쳐다보지도 않고 계속 궁핍한 이야기만 하는 것입니다.

주로 지원금과 가전제품을 구할 수 있는 방법 등을 이야기하시더군요. 그런데 그런 이야기를 하는 그 어머니께서는 저에게 당연한 것을 요구하는 것 같은 태도로 말씀을 하시더군요.

종종 가난이 무기가 되는 사람들이 있습니다.

사회의 구조로 인해 가난하고, 정말 어쩔 수 없이 가난의 대물림으로 인해 고통 받고 있는 사람들이 많은 이 동네에는 가끔 이런 일들이 있습니다.

가난을 무기로 생각하는 사람들에게 이용당하는 것 같은 느낌.

그래서 오늘 성서모임에 이 이야기를 했습니다.

진정 그들을 사랑하려면 어떻게 해야 하는 가에 대해 말입니다.

그런데 꼴렛선생님이 하시는 말씀.

사람들에게 가장 이용을 많이 당하신 분이 예수님이라고요.

그 분은 그것을 아시면서도 끝까지 이용당하시고 십자가에 못 박히셨다고요.

전 다시 마음을 굳게 가지기로 했지요. 저도 이제부터 이용당하기로 말입니다.

물론 대다수의 가난한 사람들이 가난을 무기로 하고 있다는 말은 아닙니다. 소수의 사람들이겠지요.

그것이 그 사람들을 돕는 길이라면 말입니다.

_ 1997.09.10.

우리가 동물원 원숭이?

8월 중순 경 일본 뭐 대학 교수를 비롯해 학생들이 우리 동네를 조사하기 위해 나왔습니다. 사진도 찍고, 달동네 사람들 생활도 조사하고, 또한 그 조상까지도 조사를 했더랍니다.

설문조사를 당한 동네 사람들이 몹시 불쾌해하고 또한 자존심 상해하더군요. 부모들이 가난해서 자식들도 가난하다는 그리고 물질적 가난이 무슨 연구대상인 것 같은, 동물원의 원숭이가 된 것 같은 느낌….

그 분들이 이틀 전 저희 사무실로 찾아왔더군요. 저희 사무실 대표(구의원인 사라아줌마)와 대화를 하더군요.

전 열심히 뒷바라지를 하고….

이 동네가 생긴 역사와 현재 철거 문제, 그 동안 철거 시 문제가 되었던 한국의 잘못된 정책에 대해….

그 대화가 끝나고 사라아줌마가 자리를 피한 후 전 그들에게 따지기 시작했습니다. 당신들이 조사하고 있는 것은 우리나라 빈민 연구가들이 예전에 다 했고, 그 결과물로 여러 가지 책들이 나와 있는데 그런 것을 보면 되었지 왜 고생하느냐고요.

그랬더니 그 일본 교수가 내 말이 맞다는 것입니다.

우리나라 사람들이 저희 동네를 구경하고 나서는 하는 말.

'아직도 이런 동네가 있어?'

실은 시댁 식구들이 저희 집에 오셨을 때도 이 같은 말씀들을 하더군요.

그렇지만 기분 나쁘진 않았습니다.

그런데 일본 사람들이 우리 동네 사진을 찍고, 자기들끼리 조사한 내용 가지고 이야기할 때 왜 그렇게 자존심이 상하던지….

이들은 우리 동네 뿐 아니라 서울의 빈민가와 농촌의 빈민가를 조사하였지요. 아마 동남아의 몇 나라들도 대상이라고 합니다. 무엇 때문에 조사하는지, 왜 조사하는지 물어보지 못했습니다.

그들은 좋은 의도로 조사를 했는지는 모르지만 저는 그렇게 생각되어지지 않는군요. 거기다가 21일에는 일본의 수녀님 19명이 우리 동네 구경하러 온답니다.

벌써 4년째가 되었답니다.

한국 가톨릭이 가난한 사람들에게 어떤 도움을 주고 있는지에 대해 듣고 싶고, 이곳에 사는 사람들과 대화를 하고 싶다고 하네요.

무슨 이야기가 듣고 싶을까요?

그들은 아마 또 동네를 돌아보겠지요.

그리고 감탄하겠지요.

한국, 그것도 서울에 이런 빈민촌이 있다는 사실에 말입니다.

그분들 역시 좋은 의도로 왔겠지요.

하지만 전 동물원 원숭이가 된 것 같습니다.

가난한 사람에 대해 알고 싶으면 같이 살아보면 될 것을 몇 시간 와서 본다고 뭐가 해결됩니까?

또한 무엇을 깨닫겠습니까?

너무나 싫은데 그 분들을 맞이하여 시중들어야 하니 정말 제 자신이 한심하게 생각되네요.

제가 너무 피해의식에 사로잡혀 있는 걸까요?

_ 1997.09.13.

공동체미사

공동체미사가 많은 신자들에게 낯설게 느껴지는 것 같아 대강 진행과정을 소개하고자 합니다. 앞으로 매달 마지막 주 토요일에 동네에서 공동체미사를 하기로 했답니다. 봉천동에서는 매주하는데 난곡에서는 본당신부님의 눈치를 보아야 하기 때문에 한 달에 한 번 정도 하기로 했습니다. 왜냐하면 관할구역이란 것이 천주교에는 있어 주일 미사를 그 동네에서 할 경우 본당신부님의 허락이 있어야 하거든요.

입장, 신부님은 모여 있는 신자들에게 자신의 소개를 하고, 모인 사람들이 차례대로 자신을 소개합니다. 서로 인사를 나누는 것이지요. 그리고 신부님이 미사에 모여 있는 사람들에게 미사 지향을 물어보지요. 아픈 딸을 위해, 냉담하고 있는 자식들을 위해, 가난한 사람들을 위해…. 모인 신자들의 모든 소원을 미사에 담아냅니다.

강론은 우선 신부님이 자신의 느낌을 이야기 하죠.

그 다음부터는 자유롭게 복음이나 독서에서 느꼈던 것이나 생활상에서 일어난 일들을 이야기 하죠. 화기애애하게 진행되기 때문에 시간이 많이 걸립니다. 서로 웃고, 울고, 대화하고 좀 시끄러워 지기도 하지요.

신자들의 기도는 미리 준비하는 것이 아니라 모여 있는 모든 사람들이 참여하게 되지요. 서로서로를 위해 기도한다거나 기도를 부탁한 사람들을 위해 기도한다거나….

평화의 인사시간에는 정말 반가움을 표시합니다. 부둥켜안고 서로 어루만지며, 손에 손을 잡고 미사를 진행하지요.

영성체 때, 이번에는 꿀떡을 준비했습니다. 보통 백설기와 막걸리를 준비하기도 하지만 이번엔 가게에서 파는 포도주와 꿀떡으로 영성체를 했습니다. 떡과 포도주를 신부님이 나누어 주시는 것이 아니라 옆 사람이 옆 사람에게 "그리스도의 몸" 하면서 건네주고, "그리스도의 피"라고 하면서 건네주지요.

마지막 파견성가는 북을 치면서 흥겨워 노래를 부릅니다.

그 다음 뒤풀이….

모여 있던 모든 사람들이 감격하게 되는 미사, 내가 주체가 되는 미사, 한 번 맛들인 사람들은 본당미사가 재미없어지는 그런 미사….

정말 즐겁고 흥겨운 미사가 바로 공동체미사입니다.

엄숙함보다는 따뜻함이 있는….

_ 1997.09.28.

낮은 자리

'낮은 자리'

이름이 너무 좋지요?

오늘 '낮은 자리'가 생긴 지 4년이 되는 날이라 기념잔치가 벌어졌습니다.

'낮은 자리'는 봉천 3동 무허가 주택을 '도시민빈사목위원회'에서 빌려 도시공소를 만들었답니다. 가난한 사람들에게 예수님의 복음을 실천할 장소로 그 자리는 그렇게 마련되었습니다.

성당으로서의 역할보다는 사람들이 함께 모여 삶의 이야기를 나누는 공간으로 더욱 열린 공간, 누구든지 소주 한 병 사들고 들어가 이야기를 나눌 수 있는 그런 곳, 신자든 비신자든 가리지 않고 누구든지 환영하는 곳.

11시 미사에 많은 동네 사람들이 참석하셨더군요.

오후 2시부터는 윷놀이, 제기차기 등 정말 잔치다운 잔치가 벌어졌을 겁니다. 우리는 아이들 때문에 미사만 참석했지요.

동네 아줌마들과 그 동네 애기방을 운영하시는 수녀님들이 음식 장만에 정신들이 없으시더군요. 풍물패도 동원하여 아마 그 동네 오늘 정말 멋진 행사가 이루어졌으리라 짐작됩니다.

몇 년 전에 몇 분의 신부님들과 함께 이야기 했던 것이 생각이 나더군요.

가톨릭이 진정한 모습으로 살아남기 위해서는 공소를 만들어야 한다구요.

신자들이 쉽게 찾아올 수 있는 곳에 방 한 칸이라도 마련해서 주일 말고도 삶이 괴롭거나 슬플 때 마음껏 예수님과 만날 수 있고, 서로서로 사랑을 나눌 수 있는 작은 교회….

이것이 우리들의 꿈이었습니다.

시골 공소가 점점 사라져가고 있는데 웬 도시에 공소를?

그러나 대형화되어가는 교회의 모습 속에서 오히려 소외되어가고 있는 우리 자신들을 발견할 때 가슴이 답답하기만 했습니다.

이러한 심정을 공감하고 있던 신부님들이 첫 번째 시도로 만든 공소.

정말 뜻 깊었습니다. 잔치가 그 동네 모든 사람들과 어우러져 치룰 수 있는 모습이 너무 아름답게 느껴졌습니다.

광주교구에서는 공소살리기운동을 한다나요?

'낮은 자리'

정말 예수의 제자라고 자처하는 사람들의 모습이 낮은 자리가 아닐까요?

_ 1997.10.07.

웃기는 이야기 1

요즘 성서모임에 식구 한 명이 늘었습니다.

한도 치즈꼬라는 일본 여자인데 서강대에서 사회학 석사학위 논문 준비 때문에 (불순한 의도) 자연스럽게 합류했지요. 그런데 점차 신앙에 대해 눈을 뜨기 시작하더군요. 일본에는 가톨릭이 약세인 관계로….

그런데 오늘 생활나누기 하다가 한도(33세 기혼, 아이는 없음) 씨가 갑자기 이런 이야기를 하더군요.

처음 한국에 왔을 때 냉면을 먹기 위해 식당으로 들어갔는데, 메뉴에 있는 냉면은 다 먹어 본지라 다른 것을 시키려고 했는데 눈에 띈 것이 있어 주문받으러 온 사람에게 "냉면개시 주세요!" 했더랍니다.

한 번은 일본에서 친구가 와서 식당에 들어가 냉면 두 그릇을 시켰는데 갑자기 그 친구가 "전 불조심 주세요!" 하더랍니다.

_ 1997.10.15.

웃기는 이야기 2

꼴렛선생님께서 피정을 갔었는데 마지막 날 피정 담당자에게 일찍 깨워달라고 하셨나 봅니다.

'똑똑'

"일어나세요!"

"메르--쉬"

'똑똑'

"6시 15분 전입니다. 일어나세요."

"메르--쉬"

'꽝꽝'

"6시 15분 전이라니까요"

"???"

나중에 알고 봤더니 그 피정담당자는 메르--쉬를 몇 시냐고 묻는 것인 줄 착각했다는 것입니다.(메르--쉬는 고맙다, 감사하다는 프랑스 말)

어느 날 명동 근방 식당에서 어떤 사람이 선생님에게 와서 "성냥 있습니까?" 하더래요. 아직 한국말이 서투른 때라 잘 알아듣지는 못했지만 알고 있는 단어인 것 같아 "있습니다." 그리고 가만 있으니까 그 사람이 다시 "성냥 있습니까?" "있습니다." "(화가 나서) 성냥주세요."

선생님은 그 사람을 친절하게 식당 밖으로 데리고 나와서 명동 성당 가는 길을 가르쳐 주었답니다.

식당주인이 화가 나서 선생님에게 한 마디 했을 때 '아차'….

선생님은 성냥을 성당으로 착각한 것입니다.

_ 1997.10.15.

웃기는 이야기 3

꼴렛 선생님 친구 분 중 한 분이 일본을 방문하게 되었답니다.

그런데 그 일본 사람이 말끝마다 "고래"란 말을 쓰더랍니다.

'아니 이 사람이 어떻게 내가 한국에서 온 사람인 걸 알고 있지' 라고 생각했다는데….

프랑스에서 한국을 '고래'라고 한다나요?

프랑스 사람의 차와 한국 사람의 차가 충돌을 했더랍니다.

차에서 내린 프랑스 사람이 '게르세…'라고 하면서 무슨 말을 중얼중얼….

한국 사람은 화가 나서 "당신 나를 언제 봤다고 개xx하는 거야?"

이유를 모르는 프랑스 사람은 황당해 하고….

프랑스 말로 '게르세…'라고 하는 것은 무슨 일이 일어났습니까? 라고 묻는 말이랍니다.

_ 1997.10.15.

남편을 만나기 위해

무기력함, 정말 무기력함이 저를 혼란스럽게 합니다.

남편이 너무 바빠서 저와 놀아 주지 않아 드디어 저는 땡깽이를 치고 남편을 찾아 혜화동으로 아이들을 데리고 갔습니다.

남편과 저는 보통 1주일에 이틀 정도는 함께 술을 마시며 세상에 대해 논하고, 동료들이 살아가고 있는 모습들을 이야기하고, 가톨릭 사람들의 소식들도 듣고, 서로서로 어려운 일들을 이야기하며 지냈지요.

그런데 요즘 저와 놀아주지 않으니 왠지 허전하더군요.

남편은 역시 바쁘더군요. 멋지게 술을 한잔 먹고 싶었는데 일에 방해될까 봐 아이들 데리고 나와서 마로니에 공원에서 놀다가 다시 들어가니 그래도 바쁘더군요. 다시 아이들을 데리고 치킨 집에 들어가서 치킨을 먹이고 시간을 보내다가 사무실로 들어갔더니 그때서야 집에 가자고 하더군요.

그런데 술을 마시자고 했더니 아이들 때문에 그렇게 할 수 없다고 해서 야외에서 노래하는 사람들 노래 듣고, 커피 파는 후배 집에 들렀다가 저녁 먹고 늦게 들어왔습니다. 정말 할 말이 많았는데….

요즘 저도 바쁩니다.

11월부터 '어머니 교실'을 운영하게 되는데 이것저것 신경 쓸 것도 많고, 행사도 많아서 힘에 부치기까지 합니다.

그런데도 이렇게 무기력해지는 것은 아마 그 동안의 나의 삶은 남편을 통한 삶이었기 때문이 아닌가 싶습니다.

남편을 통해 세상을 보고, 판단하고, 이해하고 또한 나 자신의 삶을 정리해 왔던 것 같습니다.

그런데 이제 저는 주체적으로 서야 함을 압니다.

남편과는 또 다른 영역에서 새로운 일들을 꾸려 나가야 합니다.

자신이 없습니다. 나의 나태함으로 인해 아무 것도 줄 것이 없는 그런 상태. 사람들은 나의 속도 모르고 나를 대단하다고들 합니다.

그러나 두렵습니다.

나의 나태함과 부족함이 들어나는 것이….

그러나 한편으로는 다시 내 자신의 모습을 되찾으려는 그 무엇이 서서히 나를 괴롭히고 있습니다.

학생시절, 남편에게 지도받고 끌려 다니던 시절이 있었는데 어느 순간 남편에게 전 독립선언을 했었습니다. 이제 스스로 서 보겠다고….

남편은 그 당시 그런 제 모습이 너무 좋았다고 합니다.

남편은 아직도 그런 믿음을 가지고 있겠지요.

내 스스로 문제를 해결하고, 박차고 나가는 모습을….

내일 모임에 가서 술을 먹으면 아마 힘이 날 것 같은데….

_ 1997.10.22.

제안

실은 얼마 전에 잠원성당 빈첸시오 자매님이 우리 동네를 방문했습니다. 이유는 가난한 사람들을 돕고자 함인데….

이 분들을 위해 기초조사를 하다 보니 왜 이렇게 못 사는 사람들이 많은지…. 마음이 너무 아파서 내가 아는 몇몇 사람에게 도움을 요청했었습니다.

우선 아이들의 학비를 부탁했지요.

몇 분이 흔쾌히 학생들의 학비를 부담하시겠다고 해서 이번에 돈을 좀 모았습니다. 부족한 부분은 하느님께서 도와주셔서 눈치 없는 신부님 한 분이 채워 주셨고요. 그래서 무사히 2명의 학생들에게 학비를 줄 수 있게 되었지요.

그런데 이런 일을 아무도 모르게 진행시켰는데 들키고 만 것입니다. 공식적으로 많은 사람들에게 달동네 사람들을 도울 수 있는 자리를 만들라는 압력을 받았습니다.

고민을 많이 했습니다.

왜냐하면 전 돈 이야기하는 것이 가장 싫거든요.

그래도 해야 된다면 하겠습니다.

달동네 후원회(가칭)를 모집하고자 합니다.

우선은 물질적인 후원부터 시작하려고 하는데….

혹시 생각이 있으신 분은 저에게 메일 보내 주세요.

절대 부담을 가지지 마시고….

현재 기초조사를 좀 할 예정입니다.

누가 얼마나 힘들어하는지 부터….

그래서 무엇을 어떻게 도와야 하는지….

그리고 '나눔운동'을 하는 목사님과 함께 일을 진행하고자 합니다.

여하튼 관심 있으신 분은 메일로 연락 부탁드립니다.

_ 1997.10.28.

우리가 돕고 있는 학생은

달사모에서 이번에 학비보조를 해 준 학생들에 대해 이야기드리고자 합니다.

남학생, 중3, 이름은 밝히지 않겠습니다. 쌍둥이인 이 학생에 대해 알게 된 것은 올 초였습니다.

같은 반에 있는 아이가 저희 집 옆에 살았거든요.

아버지가 이혼한 상태인데 할아버지가 키우고 있습니다. 아버지의 도움은 전혀 받고 있지 못하고, 할아버지는 목수 일을 하신답니다. 아시다시피 건축노동자들은 일거리가 있을 경우에만 돈을 벌 수가 있지요. 여름철이나 겨울철에는 돈을 벌 수가 없답니다. 그리고 돈을 받지 못하는 경우도 많습니다.

특히 지난 번 한양인가요? 어디가 부도났을 때 그 여파로 일을 해주고 돈을 받지 못하는 사람들이 이 동네에 많았습니다.

이 아이들의 집을 방문한 자매님의 이야기를 들었는데 정말 아이들이 착하다고 그 동네 사람들이 칭찬을 하더랍니다. 할머니가 아프셔서 도시락을 못 싸가는 날에 형은 동생에게 라면을 사 주면서 자신은 굶는 게 허다하다고 합니다.

여름철, 하복을 사야 하지만 형은 동생에게 하복을 양보하고 자신은 춘추복을 계속 입고 다녔다고 합니다.

이러한 사정을 알고 있었던 담임선생님이 어느 보험회사에 사정하여 형의 장학금을 지원받게 되었는데, 동생 장학금도 받게 하기 위해 열심히 노력하셨지만 그게 뜻대로 되지 않았던 모양입니다.

서로의 마음이 통해서 일까요?

정말 학생을 사랑하시는 선생님이라는 것을 알고 있었지만 이번에 더욱 절실하게 느꼈습니다.

그 동안 모든 후원금을 장학금 형식으로 주게 되었습니다.

혹시 자존심이 상할까 봐 우려하신 선생님과 저의 생각이 일치했기 때문입니다.

그런데 이 아이들이 내년엔 고등학교를 간다는군요.

아마 실업계로 갈 것이 틀림없지만….

그래서 많은 분들의 협조를 부탁드립니다.

_ 1997.11.04.

이럴 수가!

요즘 '달사모' 때문에 지역조사를 하기 위해 이 사람 저 사람들에게 부탁을 했습니다.

'나눔운동' 하시는 간사님도 만나고, 지역장 언니도 만나고….

그런데 오늘 지역장 언니에게서 전화가 왔더라고요.

할머니 혼자 사시는데 눈이 나빠 밥을 해 먹지 못하는 사정이라 아침과 저녁을 지어 줄 사람이 필요하다고 하면서 이야기가 시작되었는데…. 할머니가 이 동네에서 혼자 사시는 이유는 결혼한 아들이 이 동네가 재개발될 거라는 소식을 듣고 집을 사서 할머니 혼자 살게 했다는 것입니다.

여기까지는 이해가 됩니다.

그런데 한 번도 찾아오지 않고 생활비마저 주지 않는다고 하네요. 할머니는 가내 수공업 하는 집에서 일을 하여 한 달에 5만원을 벌어서 생활하고 있고, 연탄을 갈 수 없는 처지라 전기장판에 의지하고 사시는데 전기 값이 아까워 제대로 켜지 않는다는군요. 아들이 있기 때문에 생활보호대상자도 안 되고.

점심은 우리 동네 '열린이웃'에서 할머니, 할아버지에게 무료로 점심식사를 대접하고 있는데 여기서 식사를 하신답니다.

다행이 이번에 잠원성당 빈첸시오에서 월 10만원씩 생활비를 보조하기로 했다는데….

정말 기가 막히지요?

돈이 그렇게 귀중한 것일까요?

백번 양보하고 이해하려고 해도 참을 수 없는 분노가 치를 떨게 하네요.

_ 1997.11.04.

다림질

식구들 모두 재워놓고 앞집에서 다리미를 빌려다가 밀려있던 옷을 다렸습니다.

다림질을 하면서 마음이 점점 차분하게 가라앉더군요.

그러면서 생각한 것이 내 마음도 이렇게 다렸으면 좋겠다는 생각이 들구요.

정치며 경제며, 모든 것들이 이렇게 다림질될 수 있으면 얼마나 좋을까 생각해 봅니다.

더러운 옷을 깨끗이 빨아서 햇볕에 바짝 말려 다림질하면 정말 보기에도 좋고 옷을 입는 사람의 마음 역시 상쾌해지듯이, 그렇게 세상살이가 다림질되었으면 좋겠다는 생각을 합니다.

그러면 모든 사람들이 세상 살아가는데 재미를 느끼지 않을까요?

_ 1997.11.06.

한글반

요즘은 정말 바쁘다, 바쁘다를 외치며 삽니다.

바쁘다 보니까 마음의 여유가 없어지는 듯.

한글반 수업을 제가 하는데 학생은 3명.

그것두 시간이 맞지 않아 2팀으로 나누어 수업하는데….

한 반은 할머니들의 연세가 83세, 78세… 83세의 할머니는 수업 시간 40분 전에 오셔서 저를 마구 괴롭히지요.

전화를 혼자 걸고 싶어하는 할머니께 이쁘게 보일려구 전화 거는 것을 가르쳐드리고 있는데, 할머니는 저의 한계가 어느 정도인지 실험하는 듯 잘 되지 않더군요. 863-8156을 10번 가르쳐 드리고 나서 혼자하게 하면 또 다시 863-5623 또 다시 863-5623(숫자를 모르시거든요). 100번 정도 가르쳐 드렸는데 역시나….

요즘 할머니들이 저의 인내심을 실험하는 것 같아요.

이러다간 저도 할머니가 되어 버리겠어요.

살려주세요.

한글반 선생이 된 달동네 아줌마

_ 1997.11.12.

난곡동을 소개합니다

난곡은 서울시 관악구 신림7동에 자리 잡고 있습니다.

원래 난의 향기가 흐르는 고을이라는 것으로 난곡동이라고 부르는데 낙골이라고도 하지요. 즉 해골이 뒹굴어다니는 골짜기….

낙골이란 이름의 유래는 이렇습니다.

1968년경부터 동부이촌동 철거민들을 트럭에 실고 와서 떨어뜨려 놓은 곳인데 집을 지으려고 보니까 산동네 천지가 무덤.

그래서 낙골이라는 이름이 붙었지요.

난곡은 산꼭대기까지 빽빽이 들어찬 8평짜리 무허가 주택들과 그 사이로 미로처럼 얽힌 좁은 골목들 속에 가난한 사람들의 고달픈 삶들이 자리 잡고 있습니다.

집 없는 서민들이 모여들어 이제는 6천 7백 세대, 2만 5천명의 주민들이 살고 있는 전형적인 도시빈민 거주지역입니다.

지역주민의 대부분은 공장취업, 단순일용노동과 노점상으로 살아가고 있고, 부녀자들도 파출부, 가내부업 또는 공장취업, 취로사업 등으로 가난하지만 성실하게 생활하고 있습니다.

땅의 주인은 시(市)이구요, 집주인들은 거의 이 동네에 살고 있지 않아요.

11월 12일 부로 재개발 사업 결정고시가 결정됨에 따라 철거가 될지 모르는 상황입니다.

재개발 과정에서 약한 사람들이 어려움을 당하지 않았으면 좋겠는데….

_ 1997.11.25.

왜 우리 집이냐고요?

일요일 날 앞집에서 김장을 했습니다. 70~80포기. 물론 우리 집 것까지 담가 주는 바람에. 이것을 네 쪽으로 자르면 정말 많지요? 그런데 요즘 동네 아줌마들이 토, 일요일에 예식장 식당에 아르바이트 나가느라 김장김치를 먹지 못했다고 월요일 날 우리 집에 다들 모였답니다.

눈치들을 보니 돈들이 없어 제가 거금 14,000원을 드려 돼지고지 얼지 않은 것으로 사서 앞집아줌마가 삶았는데… 이 사람 저 사람 모이다 보니 아저씨 2명, 아줌마 4명.

돼지고기 맛있다고 밥까정 하라더니, 겉절이에 돼지고기 싸서 맛있는 잡곡밥과 실컷 먹고, 소주….

그런데 이젠 한글반 할머니가 나만 먹으라고 사다 준 사과를 내놓으라고 하고, 다음은 커피… 먹는 것이 끝나니까 오후 5시.

그날 전 사무실 나가지 못했어요.

분명 김장은 앞집에서 했는데 왜 우리 집에서 잔치를 해야 하냐구요?

_ 1997.12.17.

꿈을 먹고 사는 여인

가톨릭에서 환경문제에 별로 관심을 두지 않았던 시절.

1991년경 몇 명이서 '천주교반공해모임'이라는 단체를 만들었습니다.

소책자를 만들어서 각 성당에 배포하기도 했고, 삼방리 골프장 건설문제로 방문도 하고, 대전에 있는 모 교수님도 찾아 뵙고….

정말 열심히 활동했었지요.

그런데 한마음한몸운동에서 환경문제에 관심을 가지고 활발히 움직이는 것을 보고 우리들은 거의 모임을 해체하고 단순히 친목 모임을 지금까지 가져오고 있습니다.

우리들에게는 꿈이 있었습니다.

언젠가는 농촌에 내려가서 공동체를 이루며 자연과 더불어 살아가고자 하는 꿈.

어제 모임친구를 만나면서 아직도 우리들 마음에 지워지지 않고 있는 꿈이 있다는 사실을 발견하게 되었답니다.

지금 현재에는 불가능하게 생각되지만 그래도 언젠가는 함께 공동체를 이루어 자연과 더불어 살날이 있겠지라는 꿈.

제가 존경하는 분 중에 한 분이 충주에서 공동체를 만드시고 계시지요. 현재 젊은 부부 두 쌍이 와서 함께 생활하고 있다고 들었습니다.

저희들은 3월초에 한 번 내려가기로 했지요.

마음이 두근거립니다.

내가 꿈꾸었던 삶을 누군가 먼저 살아가고 있다는 사실에 나도 언젠가는 나의 꿈을 이룰 수 있는 날이 올 거라는 희망.

전 두 가지의 꿈을 가지고 살아갑니다.

모든 사람들이 평등하게, 행복하게 살 수 있는 세상을 만드는 것.

그리고 사랑하는 사람들과 함께 공동체를 이루며 자연과 더불어 살아가고자 하는 것.

이 두 가지가 다 이루어진다면 전 이 세상에 태어난 의미가 있을 겁니다.

그날을 위해 현재도, 미래도 열심히 생활하고자 합니다.

물론 주님께서 함께 하지 않으신다면 불가능한 이야기겠지만….

_ 1998.01.09.

선우의 양아버지

신학생 때부터 알고 지내던 신부님들이 몇 분 계십니다.

이번 난곡동 공동체미사에 그 분들 중 한 분을 초대했었지요.

일요일 날 저희 집에 신부님 세 분을 초대했었습니다.

한 분은 선우의 양아버지가 되겠다고 외치고 다니시는 분이지요.

며칠 전에는 그 신부님이 노후보험을 들었어요.

늙어서도 선우를 돌보기 위해서랍니다.

선우를 위해서 적금도 들고 있지요.

우린 선우를 고등학교만 책임지기로 했고요.

술들을 얼큰하게 마시고 밤 12시에 산에 올라가 달동네를 구경했습니다.

건강하게 살고자하는 젊은 신부님들에게 저와 남편이 조금이나마 힘을 주려고 생각하고 있지요.

남편에게 아이들을 맡기고 우린 그 밤에 노래방에 가서 광란의 밤을 즐겼답니다.

선우 양아버지는 선우에게 잘 보이려고 선우 데리고 슈퍼에 가서 과자도 사 주고 학습지도 같이 풀어주고….

그런데 선우의 반응이 영 좋지 않더군요.

선우는 머리가 좀 아픈가 봅니다.

자기가 시집가면 자기 아버지가 세 명이 된다고 하면서….

아마 남편도 아버지라고 생각하나 봐요.

참 행복한 것 같아요.

이렇게 주위에 좋은 사람들이 득실거리니 더 이상 바랄 것이 없네요.

이제 36세.

사랑하는 남편과 아이들, 나를 아껴주는 친구들, 사랑하는 친정 식구들….

더 이상 바랄 것이 없네요.

이러다가 예수님이 큰 불행을 가져다주지 않을까 걱정입니다.

우리들의 행복을 시기하시지나 않을지….

_ 1998.02.03.

선생님의 증언

이번 긴급요청을 하신 선생님께서 오늘 공동체미사에 오셨습니다.

그래서 구체적인 이야기를 들었습니다.

원래 7명이 제적의 위기에 처해 있었답니다. 작년부터 아이들이 학교에 등교하면 학교에서 돈 내라고 닥달을 했더랍니다.

이 선생님은 자원을 하여 이 학교에 오신 것은 이번 3월….

2명의 학생은 이미 퇴학서류가 작성이 된 상태라 놔 두고.

교장선생님을 찾아 갔었답니다.

5명을 구제하기 위해 시간을 좀 달라고.

그랬더니 마구 화를 내더라는 군요. 당신이 다 책임질 수 있냐고 하면서…. 처음에 도와 달라고 들어갔다가 너무 신경질이 나서 교장과 한바탕했답니다.

세 명은 개포동성당 신자 몇 명과 결연을 맺어 앞으로 그 아이들이 졸업할 때까지 공납금을 내 주기로 했답니다. 한 명은 저희들이 도왔고, 앞으로도 이번에 들어온 돈으로 공납금을 내 줄 것이고, 한 명은 '한빛회'라는 곳에서 담당하기로 했답니다.

이런 학생들이 한 반에 다섯 명 정도 된답니다.

무책임한 부모들 때문에 아이들은 학교에서 문제아로 찍혀 버리고…. 그 아이들은 학교에 잘 나오지 않는답니다. 학교에 나오면 공납금 내라고 불려 다니니 오고 싶지 않겠지요.

이번에 저희가 도와 준 학생은 너무나 기특하게도 학교를 열심히 다니기 시작했고, 선생님의 고마움에 뭔가 도움이 되고자 환경미화나 남이 싫어하는 일들을 자청했답니다. 수업시간에 잘 들어오지도 않던 아이가 너무나 온순해져 있는 모습에 선생님은 가슴이 아팠답니다.

이번 긴급요청에 응해 주신 분들께 진심으로 감사드리며 달동네의 아픔을 전합니다.

(결손가정이 너무 많네요. 물론 저희 조카들도 결손가정이니 뭐라고 할 말은 없지만 말입니다.)

주님의 축복이 봉사방 가족들에게 내려주시길 빌며….

그리고 달동네에 사는 아이들이 상처받지 않고 건강하게 살아주길 빌며.

_ 1998.04.05.

자원봉사자들

요즘 저는 제가 근무하는 난곡주민회관 대표이신 분이 구의원 선거에 3선째 도전하는 일에 전념하고 있습니다.

그런데 이번에 자원봉사자들이 대거 우리 동네에 들어왔는데 서울대 법대학생들과 공대생 그리고 숭실대…. 이제 갓 20세가 넘은 학생들이 저를 너무 즐겁게 해 줍니다. 시키는 일은 그것이 잘될지 어떨지 모르면서 단지 믿고 따라 줍니다.

열심히 하는 모습들 그리고 순수하고, 열정적인 모습들. 무엇이든지 관심을 가지고 유심히 관찰하고 있는 그들의 모습들을 보면서 전 희망에 부풀어 있습니다.

나도 이 학생들의 나이에 이렇게 맑고 깨끗한 마음들을 가지고 있었을까?

난 이들을 보면서 우리나라의 장래가 밝다고 느낍니다.

희망을 가지고 있으며, 자신들의 이상을 가지고 있으며, 그 이상들을 실현하기 위하여 최선을 다하고 있는 모습들….

그래서 난 또 한 번 이 나라의 미래에 대해서 희망을 가져봅니다. 너무나 이쁜 이 아이들의 모습 속에서 너무나 행복하게 지냅니다.

역시 젊은이들은 우리에게 잊어버린 꿈과 이상과 희망을 가져다주는 소중한 사람들이라는 사실을 깨닫고 있습니다.

젊은 모든 사람들에게 주님의 축복이 항상 함께 하시길 기도드려 봅니다.

_ 1998.05.22.

난 이래서 선거운동원이 되었습니다

선거에 임하면서 전 자부심을 느끼고 있습니다.

제가 모시고 있는 분이 구의원으로서 3선에 도전하고 있지요.

여자이면서 이 동네에서 26년 동안이나 열심히 빈민운동을 했던 분이지요.

매번 선거 때 마다 동네 사람들의 지원이 엄청났거든요.

사람들이 모아다 준 돈으로 선거운동을 하다보면 돈이 남지요.

그리고 오는 사람들마다 음료수를 사 가지고 와서 항상 박스가 쌓여 있습니다.

운동원들도 돈을 받는다는 것은 꿈에도 생각하지 않고 오히려 자기 돈을 쓰면서 운동을 한답니다.

2번이나 구의원을 하면서 비리를 저지른 적이 없고, 사람이 변한 적도 없습니다.

동네에서는 '사라'라는 본명으로 더 유명하지요.

가톨릭 신자건 아니건 '사라'라고 다들 알지요.

이번에 제가 회계를 맡았는데 여러 사람들이 도와주어서 돈이 남을 판이지요.

게다가 동네 사람들이 음료수며, 농사지은 상추며, 밑반찬 등등을 싸다 주기 때문에 하루에 10명 이상의 사람들이 먹는 식비 역시 몇 천원으로 3끼를 해결한답니다.

지난번 선거에서도 가장 돈을 적게 쓴 사람으로 인정받았다는군요.

구의원에 당선되면서 공부방도 구립으로 따내고 잘못된 행정에 관해 소리칠 수 있었고, 가난한 사람들에게 많은 해택을 줄 수 있었답니다.

이번에 당선되면 더욱 할 일이 많아지지요.

왜냐하면 복지관(48억짜리)이 8월에 완공되는데 실지로 주민들에게 도움을 줄 수 있는 복지관을 만들기 위해 노력할 수 있는 입지를 만들 수 있기 때문입니다.

선거에 너무 부정적인 사람들이 많지만 저희는 그렇지 않아요.

그래서 열심히 하긴 하는데 역시 저의 음식솜씨가 없는 터라 봉사자들이 한마디씩 하더군요.

"글라라 선생님은 선거 끝나면 음식솜씨가 좋아질 겁니다."라고.

그래서 생각한 것이 동네 아줌마들을 동원하기로 했습니다.

오늘부터 저녁에는 동네 아줌마들이 와서 식사준비를 해 줄 것이므로 봉사자들의 불만을 어느 정도 해소할 수 있지 않을까 희망에 부풀어 있습니다.

풀뿌리 민주주의는 꼭 실현되어야만 합니다.

그래야 구석구석까지 올바른 행정이 가능해지지 않을까요?

오래간만에 시간이 나서 글을 써 봅니다.

_ 1998.05.29.

쌀과 도둑

아침 일찍 웬 아저씨가 쌀을 얻으러 왔어요.

지난 번 성서모임 때 한 언니가 저에게 충고를 하나 했는데.

쌀을 얻으러 오면 잡곡밥 먹는다고 하라고 하더군요.

왜냐하면 쌀을 얻으러 오는 사람은 그것을 팔아서 돈을 마련하려고 한다는군요. 그래서 잡곡이 섞인 쌀은 받질 않는데요.

그래서 저도 그렇게 이야기 했지요.

우리 집은 잡곡을 먹는다고….

그런데 이 아저씨는 그래도 좋다는군요.

할 수 없이 쌀에다 검은 쌀을(실은 쌀과 잡곡을 따로따로 놓고 먹고 있거든요) 섞어서 쌀 주머니에 넣어 주었는데 그 주머니에는 하얀 쌀이 꽤 많이 담아져 있었습니다.

얼마 전에 쌀이 없는 집에 밀가루를 주던 생각이 스치며 지나가는데 이 동네에 아직도 이런 인심이 있나 싶었지요.

그 아저씨를 보내고 나서 내 자신이 미워졌고, 미안하기만 했습니다. 거짓말한 것이 죄스러웠고, 쌀을 많이 퍼주지 못함이 미안했습니다.

정말 매 순간이 갈등의 순간이군요.

오늘 컴퓨터 수업시간에 아줌마들과 이야기를 나누다가 도둑이 요즘 극성이라는 이야기로 수다를 떨기 시작했는데….

얼마 전 도둑을 맞았다는 아줌마는 그 도둑이 라면까지 끓여 먹고 갔다고 하더군요. 큰 도둑들은 아닙니다. 그 도둑이 가져간 것은 18금짜리 목걸이나 반지는 건들이지 않고, 순금으로 만든 다섯 돈짜리 금반지, 메이커가 있는 예쁜 반바지, 머리빗 2개, 통장이나 그런 것은 손도 안 대고 갔다더군요.

한 아주머니는 집에 들어가다가 집안에서 도둑을 만났는데 소리를 지르니 그 도둑이 잘못했다고 하더라는 군요. 그래도 무서워서 소리를 지르니 가슴을 주먹으로 치고 도망가 버렸답니다.

얼마 전에 시어머니가 오셔서 빨래를 밖에 말리셨는데 큰 조카의 옷 한 벌이 없어졌다더군요.

요즘 우리 동네에는 조금이라도 좋은 옷(속옷도 포함)이나 신발은 빨아도 절대 밖에서 말리지 않는답니다.

아침이고, 점심때고 가리지 않고 마구 도둑질을 하는 놈들….

대부분이 젊은 아이들이라는 것을 동네 사람들은 알고 있습니다. 학교에서 퇴학 맞은 아이들, 문제아들….

요즘 빈집들도 많아서 그 곳들이 그들의 아지트가 되기도 하는 것 같아요.

그래도 그렇지, 왜 없는 사람들을 괴롭힐까?

못된 놈들….

_ 1998.06.30.

요즘 달동네는

슬슬 무너지기 시작하는 집들이 생기기 시작했답니다.

어제 저녁에는 잠을 못 이룬 집들이 많았어요.

무엇보다 걱정이 되는 것은 번개 칠 때 얽히고설켜 있는 전기선들 때문에 혹시나 번개 맞지 않을까 번쩍일 때마다 밖을 내다보느라 실은 저도 잠을 설쳤답니다.

이번 비로 저희 동네보다 더 피해가 많은 곳이 많은 줄 알지만 요즘 달동네 사람들 모이면 벽이 어느 정도 무너졌는지, 비가 얼마나 새는지, 언제 집이 무너질지에 관해 서로 걱정하며 날을 보냅니다.

만반의 준비를 하라는 텔레비전 방송을 들으며 우린 어떻게 준비를 해야 하나 생각해 보지만 뾰족한 생각이 나지 않아요.

벽에 스며드는 물은 신문지로 막고, 창문에서 새는 비는 휴지로 막고, 지붕에서 새는 비는 물동이로 받고….

그런데 갑자기 방안으로 들이치는 물은 처리할 수가 없다더군요.

그래서 대부분 눈들이 벌게요.

어제부터 300명에게(초등학교 학생들 대상)에게 점심을 무료로 공급하고 있습니다. 거기다가 서울대생들이 아이들에게 좋은 프로그램을 만들어 돌보게 되었지요.

각박한 세상에 그래도 아직은 많은 사람들이 가난한 사람들에 대한 관심을 가져주어 얼마나 기쁜지 모릅니다.

달동네 아이들은 방학 때 하루 종일 떠돌아다니는데 정말 좋은 일이라고 생각합니다.

얼른 이 비가 그쳤으면 좋겠습니다.

_ 1998.08.06.

오늘 난곡은

시끄러웠습니다.

왜냐하면 갑자기 일당 3만 원짜리 일이 접수되었거든요.

나라에서 특별히 자활센터에 할당한 일.

잽싸게 동네 사람들에게 전화해서 일 나갈 사람들 모집하고….

여의도 밤섬에서 청소하는 일인데 4일간, 오전 9시부터 오후 5시까지 마포구에서 50여명이 등록하는 바람에 동작 뜬 나는 겨우 13명만 등록시켰습니다.

마감이 되었는데도 불구하고 사람들은 계속 찾아오고….

여하튼 오늘은 좀 보람 있는 일을 한 것 같아 기분이 참 좋아요.

앞으로는 일거리들을 좀 더 많이 확보해서 동네 사람들 다 먹여 살렸으면 좋겠네요.

(나도 먹고 살기 힘든데…)

_ 1998.09.01.

119를 불렀더니

몇 개월 전부터 우리 집, 비어있는 옆집 처마 밑에 말벌들의 집이 생겼습니다.

처음에는 자그마한 것이라 별로 겁 없이 놓아두었더니 이제는 어른 주먹보다 더 커져 버렸답니다.

일요일 새벽 5시 큰 아이가 갑자기 아프다고 소리를 지르기에 달래서 재우고 저도 누우려는 순간 무언가 손에 잡히는가 싶더니 갑자기 팔에 무언가에 쏘여 아파오기 시작했습니다. 급기야 불을 키고 확인해 보니 말벌이 집안으로 들어와서 저랑 선우를 쏘아붙였던 것입니다.

어제 밤에도 말벌 한 마리와 씨름하느라 남편과 술 마시다 파리채 찾아오고 완전히 분위기 망쳤답니다.

그래서 오늘 119를 불렀지요. 일요일 9시 뉴스에 보니까 말벌에 쏘여 죽은 사람들도 있다고 해서 겁이 나는 바람에…. 엄청난 큰 차가 동사무소에 서 있으니 동네 사람들과 마침 학교수업을 마치고 집으로 돌아가던 아이들이 구경난 듯이 몰려들고….

119 아저씨 3명이 와서(한 명은 은색 우주복을 착용하고) 보더

니 에프킬러를 달라고 하더라고요,

그래서 줬더니 벌집에 마구 뿌리더군요. 벌들은 이리저리 도망가고, 구경하던 아이들도 고함을 지르며 도망가고….

이렇게 벌집을 퇴치했습니다.

오늘부터는 좀 안심하고 눈을 부칠 수 있겠지요.

정말 119 아저씨들 수고 많으셔요.

_ 1998.09.21.

실업극복을 위한 국민운동본부

실업극복을 위한 국민운동본부 때문에 요즘 머리가 너무 아파요. 이 단체에 프로젝트를 내기 위해 일주일 내내 사업계획안과 예산안 짜느라 머리에서는 김이 모락모락….

어제는 급기야 새벽 5시까지 작업을 하느라 외박을 했지요.

저희 동네에는 센터들이 많습니다.

주민도서실, 남부야학, 꿈나무공부방, 낙골공부방, 나눔운동, 실직자를 위한 직업알선모임까지….

여기서 일하는 사람들끼리 모여 이번 우리 동네가 겨울나기가 가장 어려울 것이라는 판단 하에 여러 가지 프로젝트를 만들었습니다.

실직자 가정에게 쌀과 연탄(혹은 석유)을 지원하고, 겨울방학동안 생길 결식아동들에게 급식할 것과 자칫 나쁜 길로 빠져 버릴 수도 있는 아이들을 위해 겨울방학 동안 동네학교를 개설하고, 공동캠프도 계획하고….

제가 담당한 것은 급식.

200명의 학생을 대상으로 점심과 저녁 그리고 간식까지.

장난이 아니드만요.
정말 머리에서는 김이 모락….
프로젝트가 잘 되었으면 하는 마음입니다.
많은 분들에게 기도 부탁드릴께요.

_ 1998.10.09.

마지막 수업

작년 11월에 시작했던 할머니들의 한글반이 지난주 금요일 날 끝났습니다. 전 할머니들이 돌아가실 날까지 하려고 했는데 할머니들이 반란을 일으키는 바람에 그만 둘 수밖에 없었습니다.

84세, 79세, 76세….

하루하루가 다르게 눈이 침침해지셔서 책읽기가 점점 더 어려워지고, 다들 머리가 아프네, 허리가 아프네, 다리가 아프네 하시니. 수업을 하면 할수록 발전하는 것이 아니라 퇴보한다는 생각을 했었더랬습니다.

할머니들은 저에게 귀찮은 존재라고 생각들 하셨나 봅니다.

마지막 날 전 할머니들을 위해 동화책 한 권씩과 매일매일 할 수 있는 교재를 선물했습니다.

할머니들은 저에게 만원씩을 주시더군요. 맛있는 거 사주고 싶었는데 선생이라는 사람이 도대체 먹는 것을 좋아하지 않는 것 같다면서.

한 분만 빼곤 너무나 어려운 생활을 하고 있다는 사실을 전 알고 있습니다. 한 분은 지금도 지하철에서 껌 장사를 나가고 계시고,

한 분은 10만 원가량으로 한 달을 사시는 분인데….

거절을 하다가 그 분들의 마음을 아프게 할까 봐 받았습니다.

할머니들은 봄이 오면 다시 찾아오시겠다고 하시더군요.

글쎄, 봄까지 할머니들이 건강하게 잘 살아계실지 걱정이 됩니다.

부디 봄에 할머니들을 다시 뵐 수 있길 기대하며, 마지막 수업을 했습니다.

_ 1998.12.09.

지킴이의 하루

'지킴이'라고 들어 보셨는지요?

난곡에 있는 낙골교회에서 운영하는 '나눔운동'에서 실업극복을 위한 국민운동본부의 지원을 받아 20명의 아줌마들(대부분 남편이 실직 상태이거나 극도로 어려운 생활을 하고 있는 사람들)을 교육시켜 그 중 10명을 선발해서 지역지킴이 활동을 시작하게 되었습니다.

지킴이들은 매일 아침부터 오후 5시까지 집집마다 다니면서 정말 어려운 사람들이 어떻게 지내고 있는지, 그들에게 어떤 도움이 필요한지 또한 삶에 지친 사람들의 말벗이 되기도 합니다.

서류상으로 문제가 없어(예를 들어 노부부의 경우 아들, 며느리가 멀쩡하게 살아있고, 돈을 벌 수 있는 조건인데, 며느리는 도망가고, 아들 역시 어디론가 사라지고 손주를 키우고 있는 경우 등) 나라의 혜택을 받지 못하는 사람들을 찾아내어 쌀이나, 석유 혹은 연탄 등을 지원하고, 가끔 쌀이나 생활보호 자금들이 생길 경우 그 분들을 먼저 우선하여 지원할 수 있는 일들을 하고 있습니다.

처음 지킴이 활동을 할 때는 '취로사업'과 마찬가지로 생각하여 창피하다는 생각들을 많이 했었는데 이제는 어엿한 지킴이로서의 역할과 임무를 수행하고 있습니다.

한 달이 지난 후부터는 아주머니들이 입술이 부르트고, 항상 우울해 있으며, 저를 만나면 하소연을 늘어놓기 시작했습니다.

자신들 역시 어려운 생활들을 하고 있지만 동네를 돌아보니 정말 힘들고 괴로운 삶을 살아가는 사람들이 너무나 많고, 그 사람들의 아픔이 전달되어 제대로 잠을 이루지 못한다는 말들을 하더군요.

다른 지역도 마찬가지로 어렵겠지만 이 동네의 겨울나기는 정말 힘들어질 듯합니다.

하지만 지킴이 활동을 하고 있는 분들의 노력으로 어쩜 이 겨울은 그 어느 해보다 따뜻한 겨울이 될지도 모르겠습니다.

그 분들의 활동들이 더욱 활발해져서 '틈새집단'(국가로부터나 여타의 기관에서 도움을 받을 수 없고, 생활고로 찌들어 있는 사람들)이 없어지는 날이 올 수 있길 바랍니다.

_ 1998.12.15.

달동네의 겨울나기

작년까지만 하더라도 11월 말부터 12월 중순까지 동네가 시끄러웠습니다.

대부분 남편들이 건축일(일용직)을 하기 때문에 겨울철에는 돈을 벌 수가 없지요.

달동네 아줌마들은 겨울을 무사히 넘기기 위해 우선 집집마다 100장 내지는 200장의 연탄을 비축해 둡니다. 매일 연탄배달을 하는 소리로 골목이 시끄러웠지요.

그 다음 준비하는 것이 쌀입니다. 겨울 내 먹을 수 있는 식량을 비축하는 것이지요.

그 다음이 김장.

올해는 이상하게 김장을 하는 집들이 별로 눈에 띄지 않습니다.

작년까지만 해도 김장철이면 저희 집은 각 집에서 가져다주는 김장김치로 냉장고가 가득했습니다(그래서 결혼하고 여태껏 김장을 해 본적이 없지요). 그런데 어떻게 된 일인지 올해는 아무도 김장김치를 가져다주지 않는 겁니다.

토요일부터 앞집에서 김장준비를 하는데 제가 몸이 아픈 관계로 도와주질 못했거든요. 일요일 날 너무나 미안한 나머지 맥주 4병과 소주 2병을 사가지고 남편과 함께 앞집에 가서 김장김치와 돼지목살 삶은 것을 안주 삼아 함께 나누어 먹었습니다. 앞집에도 실은 김장할 돈이 없어서 저에게 꿔갔었거든요.

그 집은 그래도 다른 집들보다 형편이 나은 편인데 아이들 학비며, 김장비를 걱정하고 있는 모습을 볼 때 정말 사정들이 너무나도 절박하구나 하는 생각이 듭니다.

글구 우리 집 냉장고에 김치통이 쌓이지 않는 것을 볼 때 인심이 각박해져만 가는구나하는 생각이 들더라구요.

항상 김장이 끝난 후면 의례껏 돼지고기를 삶고, 오곡밥을 해서 저를 초대했었는데, 올해는 두 집 밖에는 초대하지 않는 것을 보니….

저도 겨울나기를 준비했습니다.

쌀도 시어머니가 가져다 주셔서 많이 있고, 석유도 한 드럼 들여놓았지요.

굉장히 뿌듯하더군요.

여러분들은 겨울준비들 다 하셨는지요?

_ 1998.12.15.

사랑의 학교 교사모임

'실업극복을 위한 국민운동본부'에서 후원을 하여 난곡에는 '사랑의 학교'가 12월 28일부터 진행되고 있습니다.

현재 94명의 아이들이 참여하고 있고, 동네에 있는 모든 센터들이 함께 움직이고 있답니다.

봉사하고 있는 교사들이 40여명.

아이들은 2시부터 각 공부방과 주민도서실을 이동하면서 공부도 하고, 공동체놀이도 하고 6시에는 도시락(결식아동에게 무료 급식되는)을 함께 나누어 먹고 있습니다.

오늘 MBC에서 촬영하러 왔습니다.

수요일 아침 10시에 방영이 된다는군요.

지난 수요일 교사교육이 있었습니다.

달동네의 역사와 각 센터들의 역할, 가난한 지역의 아이들에 대한 문제점 등등. 비디오도 보고, 그 동안 활동해 왔던 선배들의 이야기를 들으면서 교사들은 감동을 받았답니다.

단순히 봉사하는 차원으로 왔다가 자신들이 무언가 배워간다는 생각 때문인지 매우 기뻐들 하고 있더군요.

새로운 시각으로 자신들이 하고 있는 일들을 바라보게 되었기 때문에 교사의 역할을 잘 해낼 수 있으리라 믿습니다.

정말 요즘에는 달동네가 살맛나는 동네로 바뀌어가고 있다는 느낌이 많이 듭니다.

각 가정의 생활들은 너무나 힘든 상황입니다.

하지만 서로서로를 지켜주기 위한 노력들이 아름답게 보이고 주민들 역시 이제 저희들을 딴 세상의 사람들로 보는 것이 아니라 함께 생활하고, 자신들의 아픔을 알아주는 사람들로 인식해 주고 있어 너무나 기쁩니다.

아직 여러 가지 문제들이 산적해 있지만 하나하나 해결하다보면 언젠가는 좋은 날들이 오겠지요.

그날을 위해 오늘 하루도 열심히 살렵니다.

_ 1999.01.11.

결식아동

달동네 아이들에게 저녁 도시락을 나누어 준지도 1개월이 지나고 있습니다.

그 동안 실업극복을 위한 국민운동본부의 지원금으로 100명에게 그리고 사랑하는 님들이 주신 후원으로 시작한 아이들이 이제는 80명.

100명의 아이들에게는 2월 말까지 먹일 수 있는 돈이 있지만 80명에게 먹일 수 있는 돈이 바닥난 상태라 요즘 고민에 빠져 있습니다.

만나의 기적을 믿으며 80명의 아이들에게 하루의 먹을거리를 구하기 위해 고민해 보지만 역시 역부족.

일단 일은 저지르고 봐야 한다는 신조 속에 이제는 직접 80명 분의 아이들 저녁을 주민회관에서 만들기로 했습니다.

다행히 시설비를 어느 님이 보태주셔서 하긴 했는데….

기적을 바라고 있습니다.

이번 토요일 날은 20만원으로 180명을 먹일 생각입니다.

어떻게 하냐하면 김밥을 쌀 예정이거든요.

20만원 가지고 김밥 재료를 사면 180명에게 한 끼는 먹일 수 있으니까.

그날 가톨릭신문사와 평화신문사에서 취재하러 온다네요.

한번 기대를 해 보아야 할 것 같습니다.

무심으로 돌아가기로 했습니다.

너무 욕심 부리지 않고 그 분이 하시는 데로 따르기로 말입니다.

정말 먹거리가 심각한 것 같아요.

옛날 같으면 아이들이 도시락을 가지러 오지 않았을 텐데 (자존심 때문에) 지금은 100%로 출석률을 보이고 있습니다.

아이들이 저에게 매일 묻지요.

방학이 끝나도 할거냐구요.

글쎄 돈이 모아지면 계속할거라고.

하지만 장담은 못한다고….

실업극복을 위한 국민운동본부에 1억 원이라는 프로젝트를 올렸습니다.

이틀 밤을 새며 만든 프로젝트….

4월부터 실행하게 될 수 있는 거지만 될지 안 될지는 모릅니다.

그러나 주님에게 맡기기로 했습니다.

4월부터 12월까지 결식아동들에게 먹일 수 있는 프로젝트.

잘 되기만을 기도드려 봅니다.

_ 1999.01.29.

기적이란 말입니다

전 요즘 매일매일 기적을 경험하고 있습니다.

80명의 결식아동들에게 저녁도시락을 만들기 위해 매일매일 고민은 하고 있지만 꼭 필요한 만큼의 양이 채워지고 있다는 사실에 놀라고 있습니다.

매일 10킬로미터의 쌀로 밥을 하는데 오늘 쌀이 떨어졌거든요.

그런데 동네에 거주하고 있는 구속주회 수사님들이 쌀 반가마를 가져다 주셨지요.

그래서 4일 동안 먹을 식량이 준비되었습니다.

하루 5만원 드는 반찬값도 수사님들이 즉석에서 거두어 주셔서 내일 반찬값은 마련이 되었지요.

한 친구가 10만원을 주고 가서 2일간의 반찬값은 되었구요, 한 달 사모 회원이 보태 주셔서 2~3일간의 식사비는 충분히 마련되었습니다.

남편은 나에게 열심히 뛰라고 합니다.

이곳저곳 찾아다니면 그 아이들 충분히 먹일 수 있다구요.

하지만 말입니다.

전 큰돈을 받고 싶지는 않아요.

그냥 매일매일 먹일 수 있는 것만 마련되면 행복하거든요.

그래서 그냥 내 자리에 있답니다.

그랬더니 다른 사람들이 더욱 애가 달아 하는군요.

이번에 가톨릭신문에 날 겁니다. 한 번들 보세요.

그리고 80명의 아이들 중 정말 굶을 수밖에 없는 아이들을 골라내라고 하는 소리들이 많더군요. 부모가 집에 있고, 식량도 있으면서 아이들을 보내는 경우도 있을 거라고 생각합니다.

그러나 말입니다.

만약 정말 굶고 있는 아이들만 먹인다고 하면 그 아이들이 올까요? 자존심 상해서 오지 않을 거예요.

그래서 힘이 좀 들더라도 원하는 아이들에게 모두 밥을 먹이고 싶어요.

5천명을 먹이신 예수의 기적은 지금도 가능하며, 누구든지 할 수 있다는 생각이 듭니다.

도시락을 만드시느라 수고하는 분들이 4명으로 늘었고, 주민회관 컴퓨터교실 담당자도 생겼고….

이제 전 할 일이 점점 없어지고 있어요.

매일 두 번의 한글교실을 빼고는 룰루랄라 하면서 지낼 수 있으니까요.

그런데 머리는 점점 복잡해지니 왜 그런지 모르겠어요.

함께 일하는 사람들이 늘어나니까 그 분들을 도와야 하기 때문인지도 모르겠지요.

여하튼 기적은 매일매일 일어날 수 있다는 사실을 깨닫고 살아갑니다.

_ 1999.02.04.

엄마가 죽었다고 말하는 아이

우리 동네 초등학교에서는 1학년에게 아직 급식을 하지 않고 있습니다. 아직 적응기간이라 그렇다고 하더군요. 그런데 또 다시 충격을 주는 것은 선생님들이 너무 힘들다고 작년의 경우 4월부터 급식을 시작했었는데 올해는 5월부터 시작한다더군요.

그래서 이번 월요일부터 1학년 아이들에게 점심을 주민회관에서 먹이고 있답니다. 현재는 12명.

첫날 학교에서 아이들을 데리고 와서 먹이고, 둘째 날부터는 아이들이 찾아오지요.

셋째 날 어떤 남자아이가 나에게 무슨 할 말이 있었나 봅니다. 옆에 있던 여자아이가 "얘 엄마 죽었다고 말하려고 해요"라고 대신 대답하더군요.

근데 아직 할 말이 남아 있는 듯한 아이의 표정.

"우리 엄마 자살했어요."

잠시 아찔함을 느꼈지만 표현할 수 없었습니다.

"네 엄마, 그래도 천국에 가셨을 꺼야."

_ 1999.03.27.

죽다가 살아난 이야기

금요일.

결식아동 도시락을 만드는 사람들에게 힘과 용기를 주기 위해 뒤풀이를 하였습니다.

수산시장에 가서 광어랑, 아나고랑, 멍게를 사다가 먹었지요.

그날 저녁부터 전 아프기 시작했습니다.

속이 그렇게 쓰려본 적이 없었습니다.

2박 3일을 아파서 자지도 못하고, 기어 다녔지요.

약속된 일요일, 에버랜드에 가서 열심히 놀기는 했지만 식은땀이 줄줄….

그날 밤에 다행히 남편이 집에 왔습니다.

월요일….

아무래도 이상해서 병원에 갔지요.

다행이 굶고 가서 내시경을 했는데….

30초면 끝난다던 내시경이 몇 분을 경과하고 급기야 간호사 한 명을 더 부르고 검사를 하던 의사가 갑자기 제 식도에서 오징어 기생충을 발견한 것입니다.

하얀 것이 실같이 길더군요.

그걸 빼내느라 의사와 전 완전히 녹초가 되었습니다.

의사는 한 턱 내라면서 알코올을 작은 병에 담아서 그 기생충을 넣어 주었습니다.

위에 궤양이 나타나기는 했지만 그건 조직검사를 한 후 결과가 나타난다는군요.

여하튼 그 기생충 땜시 전 3박 4일 동안 엄청난 아픔에 시달려야만 했습니다.

여러분 조심합시다.

특히 오징어회, 한치회, 아나고, 낙지는 말입니다.

정말 운이 좋았어요.

내시경 검사 끝 무렵, 기계를 꺼내다가 발견을 했으니 말입니다.

지금은 살 것 같아요.

하마터면 여러분들을 다시는 못 볼 뻔 했네요.

조심들 하세요.

_ 1999.04.13.

조촐한 발표회

지난 금요일 저희 동네에 있는 낙골공부방 아이들의 '여름문화학교 발표회'가 있었습니다.

저희 큰 아이 선우가 요즘 그 곳에 다니는데 꼭 오라는 엄명을 받고 갔습니다. 무대도 없이 교회 바닥에서, 무대 복을 입은 아이들은 하나도 없고 더러워진 옷에 엉클어진 머리, 마냥 떠드는 아이들….

발표회란 이름이 무색할 정도로 참석한 부모님은 10여 분도 되지 않고, 학생들은 40여명, 봉사자 선생님들 15명.

여태껏 그렇게 초라한 발표회를 본 적이 없습니다.

그러나 젊은 선생님들의 눈들은 반짝이고, 땀을 뻘뻘 흘리며 사진 찍고, 비디오 찍고, 음향조절하고, 아이들과 함께 무대에 오르고 등등.

그들의 모습이 너무나 아름다웠습니다.

직장 생활을 하는 예전 선생님은 아이들에게 줄 선물을 잔뜩 안고 오고, 아이들 하나하나에게 편지를 써서 전달하는 그들의 모습을 보면서 저들은 무엇을 얻기 위해 부모에게조차 관심을 받지 못하는 아이들을 저토록 사랑하고 있는지 알 수가 없었습니다.

물론 신세대라 머리에 색깔을 들인 선생님도 있었고, 야한 옷을 입은 선생님도 있었지만 그들의 진지함과 사랑이 초라한 발표회임에도 불구하고 큰 감동을 주었습니다.

마지막까지 청소에, 아직 남아있는 일거리를 정리하기 위해 산꼭대기에 있는 공부방으로 가는 선생님들의 뒷모습을 보면서 저녁 한 끼 대접하지 못하는 달동네 엄마들의 생활의 처절함을 봅니다.

그날은 정말 가슴깊이 뿌듯함을 느끼고 돌아왔습니다.

그렇게 사랑이 넘치고, 눈빛이 빛나는 젊은이들이 있다는 사실은 우리에게 아직도 미래에 대한 희망이 남아 있음을 알려주고 있기 때문입니다.

달동네 사람들은 알아주지도 않는데 자기의 모든 것을 쏟아 붓고 있는 젊은이들에게 주님의 사랑이 영원하길 기도드려 봅니다.

_ 1999.08.23.

이혼소송

어느 자매님이 저를 찾아와서 딸의 이혼문제를 상의하셨지요.

딸은 4년 전 두 아이들을 데리고 친정에 들어와서 살고 있는데 새벽에 공장에 나갔다가 저녁 늦게야 돌아오지요.

얼마 전까지는 그 아이들에게 도시락(결식아동 사랑의 도시락 나누기)을 제공했었는데 10월부터는 실업자가 아니기 때문에 혜택을 받을 수 없었습니다. 사위는 무지 착한 사람인데 술만 먹으면 아내와 아이들을 폭행하고, 견디다 못한 딸이 드디어 집을 나오게 되었지요. 어렵게 살고 있지만 그래도 그간은 편안하게 살아왔답니다. 그런데 요즘 갑자기 남편이 자주 전화를 해서 같이 살자고 한답니다. 도저히 같이 살 수 없다는 딸은 이곳저곳에 문의를 해 보았지만 비용이 많이 든다는 것입니다.

전 솔직히 이혼소송이 무슨 비용이 드냐고, 걱정하지 말라고 했지요. 근데요, 제가 알아보니까 적어도 300만원이 든다네요.

300만원이면 저희들의 6개월 월급이걸랑요.

가난한 사람은 이혼도 못하겠구나 하는 생각이 들더라구요.

법률구제공단이 있다고 해서 전화를 해 보았지만 증거가 불충분하여 아무래도 변호사를 써야 한다고 하더군요.

폭행당한 증거라든가, 남편의 무책임에 대해서도 남편이 잡아떼면 그만이라네요. 이혼은 무조건 해서는 안 된다는 생각 같은 거 할 주제도 못 되구요….

무슨 방법이 없을까요?

무료로 변론해 주는 곳은 없나요?

일단 이곳저곳 알아보고 있지만 만만치 않네요.

_ 1999.11.16.

우리나라엔 천사가 너무 많다

저 얼마 전에 텔레비전에 나온 거 아시죠?

그 동안에는 방송국에서 오면 협조를 잘해 주지 않았었는데 왠지 추적 60분에는 도와주고 싶다는 생각이 들어서 협조를 했었는데….

또 한편으로는 지원금이 12월 15일에 끝나기 때문에 걱정이 되어서 혹시나 도움을 받을 수 없을까 하는 생각에….

PD가 저희를 불쌍히 여겨 방송국에 전화 오는 사람들에게 난곡 주민회관 전화번호만 가르쳐 주어서 26일부터 3~4일 동안 전화통이 불이 났습니다. 100여명에 가까운 사람들의 전화를 받다보니 사연도 많고, 뜻도 있고, 사랑이 넘쳐 남을 느꼈습니다.

호주에서 전화하신 분은 밤새 울다가 전화 목소리도 울면서 하셔서 제대로 말씀을 못하시고, 저희가 의심스러운 사람들은 쌀을 사 가지고 직접 방문도 해 주시고…. 통장도 새로 만들어야 했고…. 3~4달은 안심하고 아이들에게 식사를 제공할 수 있게 되었습니다.

참으로 대한민국에는 천사들이 많이 살고 있나 봐요.

전 하늘나라에만 천사들이 있는 줄 알았거든요.

이번에 또 한 번 느낀 것은 제가 어려워 할 때마다 도와주시는 그 분이 있다는 것을….

뜻이 있는 곳에 길이 있다는 생각.

어제는 고구마와 쌀을 주겠다는 분이 계셔서 시화공단까지 갔다 왔습니다.

정말 살맛나는 나라입니다.

이 사람들이 있었기에 우리나라가 그나마 건강하게 유지될 수 있었다는 생각이 듭니다.

또 한편으로는 어깨가 무거워지네요.

더 열심히 일해야겠다는 생각도 들구요.

그리고 달사모 학비지원 해 주신 모든 분들께 감사드립니다.

- 행복에 겨워 요즘 고민에 빠져 있는 달동네 아줌마 -

_ 1999.12.02.

고맙습니다

눈에 보이지는 않지만 항상 많은 사람들의 사랑을 받고 있다는 사실만으로 즐겁고 기쁘게 살아가고 있습니다.

그냥 이 자리에 내가 있어 많은 사람들이 기뻐해 주고, 아파해 주고, 기도해 주는 그런 마음들이 모여 흙탕물에서도 연꽃을 피울 수 있는 영양분이 됨을 깨닫습니다.

잘 살고 있다고, 예수님의 모습대로 살고 있다고 말할 수는 없지만, 그래도 부족한 모습 그대로 살아가면서 이 세상에 태어난 이유를 깨닫고자 합니다.

내가 잘 살고 있다는 것은 주위에 여러분과 같은 사람들이 많이 있기 때문이며, 그래도 사랑이 무엇인지 조금이나마 느끼고 살아가는 사람들이 있다는 사실 때문입니다.

생일 축하해 주신 분들께 진심으로 감사드리며, 삶이 나를 괴롭히고, 흔들리게 하여도 전혀 흔들림 없이 살아가고자 합니다.

_ 1999.06.18.

책임회피

저는 신림7동 19통 8반의 반장입니다.

그런데 반장이면서 반의 사람들을 잘 알지 못합니다.

얼마 전 저희 반 아줌마가 자살을 했다는군요.

50대의 아줌마인데 남편이 너무 무능해서 여태껏 돈 한 번 벌어오지 않고 그렇게 어렵게 살았는데, 딸과 아들을 둔 이 아줌마는 아들이 성장하면서 남편과 너무나 똑같은 모습으로 자라는 것을 보고 이 지긋지긋한 삶을 아들 때문에 연장해야 할 것 같은 불안감에 자살을 했답니다.

이 아저씨는 제가 몇 번 만나 봤는데 너무나 착하신 분이었어요.

남에게 싫은 소리 한 번 못하고, 자신의 의견 한 번 제대로 말하지 못하는 사람입니다. 아마 이 아저씨에게 이 사회는 굉장히 무서운 곳이었나 봅니다.

아줌마가 마련해 준 직장이 있어도 나가지 않고 공포 속에 살아온 사람인가 봅니다.

'가난한 사람은 행복하다'라고 했던가요?

그런데 말입니다 요즘 제가 정말 가난한 사람들을 보면서 느낀

건데요, 행복하지가 않다는 겁니다.

가난을 선택해서 살아가는 사람은 행복할지 몰라도 가난할 수밖에 없는 사람은 절대 행복할 수 없다는 것입니다.

'인생은 고통이라고 했나요?'

정말 그럴까요?

여하튼 동네반장으로서 책임회피한 점에 대해 진심으로 반성하고 있습니다.

내 동네 사람들을 먼저 생각하고 챙겼어야 했는데….

부끄럽고 안타까운 마음입니다.

_ 2000.04.04.

난곡사랑방 개관식

작년 겨울 텔레비전 방영 때문에 알게 된 컴팩코리아에서 드디어 우리 동네 어린이 · 청소년 사랑방을 만들어주게 되었습니다.

보증금 5천만 원에 월세 1백만 원, 수리비 3천5백만 원….

달동네에서 이처럼 으리으리한 공간이 있을까 싶게 미국의 기준으로 사랑방을 꾸몄습니다.

'난곡주민도서실'이 그 속으로 들어가고, 컴퓨터 교실방, 강당, 휴게실….

컴퓨터 시설도 빵빵하고….

너무너무 좋았습니다.

고사도 지냈어요.

컴팩 사람들은 그렇게 말했지요.

'당장 굶고 있는 아이들에게 밥을 먹이는 일이 중요하다고.'

그 사람들을 설득시켜 '밥만으로는 해결 되지 않는다고 아이들에게 미래의 희망을 줄 수 있는 공부방이나 문화센터가 필요하다'고 했습니다.

그래서 4개월 만에 이루어진 결과였습니다.

컴팩의 사장님으로부터 직원들 그리고 함께 일하는 사람들이 와서 성황리에 개관식을 치루었습니다. 물론 아이들이 제일 많았지요.

이제 제가 꿈꾸는 동네의 한 가지가 더 이루어졌습니다.

물론 제 혼자의 힘이 아니었지만 항상 꿈을 꾸면 어떤 식이라도 응답해 주시는 하느님께 참으로 감사를 드립니다.

지금 제가 하려고 하는 일도 잘 될 것이라고 봅니다.

동네 사람들의 다는 아닐지라도 몇 가정이라도 먹고사는 걱정 없이 가정을 지켜 나가며 살 수 있게 만드는 것, 현재에 달동네의 과제는 그것이라고 봅니다.

이제 공공근로도 6월이면 완전히 끝나 버린답니다.

공공근로에 목숨 걸었던 이 동네 사람들에게 또 한 번의 시련이 오겠지요.

물론 이번 보건복지부에서 '최저생계비'를 지원하는 시스템을 7월부터 도입한다고 하는데, 가난한 사람들에게는 많은 도움이 되겠지만, 또 다시 일하지 않고 얻어먹게 만드는, 사람들을 무능력하게 만드는 그런 복지 정책이 되지 않을까 걱정이 됩니다.

맨 날 쓸데없는 생각으로 잠 못 드는 여전사였습니다.

_ 2000.04.19.

재개발

언젠가 될 거라는 막연함에서 이제 올 것이 왔구나 하는 그런 마음으로 달동네의 재개발 문제가 확산되고 있습니다.

내년 6월부터 철거에 들어간다고 하나 빈집인 경우 이번 6월부터 부수기 시작한다는군요.

현재 2,000여 세대 중 빈집이 300여 가구….

벌써부터 철거반원들이 몰래 빈집에 기거하면서 동네를 염탐하고 다니고 있으니….

빈집에는 빨간 스프레이로 번호를 써 놓았는데 마치 피가 흘러내리고 있는 형상이라….

80%가 외주 가옥주들이라(집만 사 놓고 다른 곳에서 사는 사람들) 빨리 개발이 되길 빌고 있고, 동네 분위기 험악하게 만들어 놓아야 떠날 사람 떠나고, 못 살겠다는 사람들이 떠나고 나면 개발이 빨리 될 거라는 생각들….

점점 험악해지고 있는 분위기에서 그 동안 함께 일했던 사람들은 무엇을 해야 하는지 조차 얼떨떨해 하고….

당장 시작될 빈집 철거를 막아야 하는데….

막아야 할 이유는 무허가 건물을 보신 분들은 알겠지만 중간에 한 집이 철거되면 그 사이에 있는 집들은 조그만 충격에도 무너지게 되어 있고, 아이들이 그곳에서 놀다가 다칠 염려도 있고, 전염병이 돌 수도 있기 때문입니다.

내년 6월부터 철거에 들어간다면서 벌써부터 빈집들을 무너뜨릴 이유가 없는데….

원래 법적으로도 위법인데 말입니다.

싸워야 하나 말아야 하나….

어깨들이 동네 폼 잡고 돌아다니는데….

요즘 머리가 뒤죽박죽….

김치공장이고 뭐고 다 때려치우고 억울한 사람들과 함께 싸워야 하는 건지….

물론 재개발이 무조건 나쁘다는 것은 아니지만….

집주인들은 벌써부터 세입자들에게 협박해서 나가도록 만들고 있고….

임대주택 준다고 해도 보증금 1천만 원을 구할 수 없어 못 들어가고, 매달 물어야 할 임대료 때문에 못 들어가고…(저희 동네 전세는 200만 원부터 700만 원 정도거든요).

97년 8월 이후에 들어온 사람들은 아예 해당사항이 없고(그런 사람들이 500세대 정도).

정말 머리가 아프네요.

이제 정말 가난한 사람들이 살 자리는 없어지는 걸까요?

_ 2000.05.23.

이런 것을 꿈꿉니다

나라에서 땅을 좀 준다면
우리들은 우리들의 집을 짓겠습니다.
그 동안 건축일로 뼈대가 굵어진 동네 사람들과 함께
더 이상 남의 집을 지어주는 것이 아니라
우리가 함께 살 집을 짓겠습니다.
빈 땅에서 채소도 심고, 정자나무 하나 심어
동네 사람들 함께 먹고 놀 돗자리를 몇 개 깔아 놓겠습니다.
아픔과 기쁨을 함께 나누며, 가난해도 즐겁게 살고 싶습니다.
싸움은 싫습니다.
평화가 좋습니다.

_ 2000.06.03.

우리는 어디로

꼴렛 선생님께서 한국에 오셨습니다. 발가락 수술도 무사히 마치시고, 아직 잘 걸어 다니시지는 못하시지만 가톨릭대에 강의를 나가시고 전진상에서 불어 성서 교육하시고… 그 많은 연세에도 활동을 다시 시작하셨는데….

그간 지냈던 일들에 대해 대강 보고해 드리면서 앞으로 가난한 사람들이 어떻게 살아갈 수 있는지 이야기를 나누었답니다.

2,709세대 중 919세대가 임대주택을 신청했는데 나머지 1,800세대는 어디로 가야 하는지, 어디로 갈 수 있는지 걱정됩니다.

여러 가지 문제로 오늘 '난곡지역단체협의회' 엠티가 있는데 몸이 너무 아파서 갈 수 없을 것 같네요. 솔직히 방안이 없네요.

혜택이라고 하면 혜택인 임대주택.

하지만 그림의 떡인 사람들이 너무 많네요.

딱히 좋은 방안이 떠오르지 않네요.

아마 우리나라 주택문제가 전반적인 대 수술이 없으면 불가능하리라 생각됩니다. 과연 어떤 방법들이 있을까요?

_ 2000.09.21.

푼돈

그 동안 아이의 책상을 정리하지 못해 아이가 책상에 앉아 보질 못했기에 아프다는 핑계로 김치공장 내팽겨 놓고 열심히 집 정리를 하였습니다.

이렇게 저렇게 나온 재활용 폐지들과 상자들….

상자들은 언젠가 이사 가면 쓸려고 했지만 집이 너무 좁은 관계로 그만 치워 버렸습니다. 또한 작아진 아이들의 신발들은 이집 저집 찾아다니면서 나누어 주고….

남편이 새벽 1시에 들어와서 누워 있는데 밖에서 부시럭거리는 소리가 들렸습니다.

남편은 쥐새끼라고 했고, 난 도둑고양이가 아니면 지난번처럼 가스통을 도둑맞을까 봐 누워 있을 수는 없었습니다.

그래서 과감히 문을 열었더니….

웬 아줌마가 폐지들을 차근차근 묶는 것이었습니다.

돈으로 환산하면 몇 백 원 정도밖에는 되지 않을 폐지들을 새벽 1시에 이 골목 저 골목 다니면서 생활에 보탬이 될까 봐 모으고 다니시는 아줌마.

가끔 아침에 허리가 몹시 구부러진 할머니가 폐지며, 병들을 주워 팔러가는 모습도 보았고, 60세가 넘은 할아버지는 리어카에 도저히 끌 수 없을 만큼의 상자와 폐지들을 운반하는 모습도 보았는데, 새벽에 이렇게 다니는 사람들도 있다는 사실에 놀랐습니다.

생존경쟁이었습니다.

언제 누가 가져갈지 몰라 새벽에 움직이는 소리 없는 싸움이었습니다.

저희 집은 일주일에 맥주병이 4~6병은 나옵니다.

가게가 가까이 있지만 아침에 문 앞에 살짝 내어 놓지요.

그럼 어느새 그 병들은 사라집니다.

반성을 했습니다.

저렇게 열심히 노력하는 사람들이 살아가고 있는데 얼마나 열심히 살았다고 죽니 사니 하는 저의 한심한 모습을 말입니다.

살기 위해 그렇게 목숨 걸고 해본 일이 없고, 편안하게 살기만을 바라고 있는 것은 아닌지.

_ 2000.09.26.

어수선한 난곡

난곡은 지금 어수선합니다.

400~800세대 정도가 11월 20일까지 임대주택으로 이주할 거구요.

빈집들은 속속 철거가 시작되구요.

구청과 주공에서는 이주비 역시 일찍 줘서 사람들을 내 보낼 생각인가 봐요. 원래는 내년 6월경에 이주비를 지급하고 이주를 하게 하려고 했다는데…. 다행히도 주택은행에서 임대주택 보증금 중 900만원을 대출해 준다나요.

세상 참 좋아졌어요.

하지만 쫓겨나야 하는 세대수도 만만치 않아요.

내년 1~2월 사이에 계약이 끝나는 사람들은 현재 울상만 짓고 있지요.

저도 마지막 날 즈음해서 이사를 할 생각이예요.

7년 동안 살아온 집이 이제 점점 무너지기 시작하는 소리가 들려요.

밤에 잘 때 지붕 안으로 고양이들이 난리들을 치고 바퀴벌레들은 날아다니고….

이 구석 저 구석 흙이 떨어지는 소리가 들리고….

동네잔치도 아마 계획 중이예요.

그 동안 함께 웃고, 울며 지냈던 사람들.

그냥 헤어지기 뭐 해서 학교 강당이나 운동장을 빌려 잔치를 준비하고자 해요.

난곡에 있는 모든 단체가 힘을 합해서 말입니다.

주민잔치는 91년도에 한 번 하고 이번이 두 번째이네요.

마음이 착찹하네요.

하지만 이 동네가 없어질 때까지 전 계속 난곡에 남아 있을 생각이예요.

김치공장과 아이들 학교 때문에….

매일 산을 넘어 아이들과 함께 학교도 가고, 어린이집도 가고, 김치공장도 가고….

_ 2000.10.17.

아르바이트

지난 월요일부터 난곡초등학교에 오후 1~3시까지 출근을 합니다.

학습 부진아 지도.

9명의 아이들(4학년 7명, 5학년 1명, 6학년 1명).

어제는 충격을 좀 먹었지요.

100보다 1작은 수가 뭔지 모르는 아이들.

1학년 수준도 되지 않는 아이들.

그런데 이상한 것은 이 아이들이 모두 학원에 다닌다나요.

학원 시간 때문에 빨리 수업을 끝내야 한다는 아이들.

정말 불쌍해요.

학교에서는 따돌림. 공부시간에는 알아듣지 못하고, 학원가서는 더욱 그러할 것이고.

우리나라 학교교육이 이렇게 많이 잘못 되어 있는지는 못 느꼈는데.

어제는 오래간만에 큰 아이(초등학교 2학년)의 수학 숙제를 봐주었습니다.

내가 가르치는 아이들보다 훨씬 잘하더군요.

넘 고마웠어요.

제대로 한 번 공부를 봐 준 적도 없는데….

스스로 알아서 공부하고 있는 아이에게 한없는 고마움을 느낍니다.

매일 학교로 출근할 때마다 화살기도를 합니다.

제가 가르치는 아이들에게 바라는 것은 그들이 세상의 따뜻함을 느낄 수 있게 해 달라구요.

또 한 가지는 그들이 자신감과 희망을 가질 수 있도록.

또 한 가지는 자신들이 얼마나 귀중한 사람이라는 사실을 느낄 수 있도록 해 달라구요.

20일 동안 그들이 보통 아이들의 수준으로 발전하기는 어렵겠지요.

하지만 이 20일 동안 우리의 만남이 계기가 되어 그들이 앞으로 살아가는데 힘이 되고 사랑이 되기를 바랄 뿐입니다.

_ 2000.11.08.

마음으로 함께 해 주신 분들께

모든 분들께 감사드립니다.

정말 동네가 어수선 합니다.

주일만 되면 100가구 정도가 이사를 가는 바람에 희비가 갈리고 있고.

이사 가는 사람들을 부러워하는 사람들도 있고, 욕하는 사람들도 있고.

저도 과감히 이사를 갑니다.

18일 날.

하지만 생활권은 난곡이니 매일 산을 넘어 아이들과 출퇴근을 해야겠지요.

짐을 하나 둘씩 싸고 있는데 10년 동안 어디서 얻어 왔는지 모를 물건들이 너무나 많더군요.

동네 사람들의 이사짐을 보면 1톤 트럭에 간단히 이사를 가는데 그러질 못하는 저는 너무 창피하기만 합니다.

아직도 버릴 것이 이렇게 많은데….

죽을 때쯤은 몸뚱아리만 남을 수 있을지.

무소유의 삶이 정말 어려운가 봅니다.

제가 알고 있는 여자 분이 계신데 그 분은 동가숙 서가식하지요.

항상 가방 2개만을 들고 다니시는 분.

그러면서도 가톨릭 교회쇄신을 위해 책을 쓰고, 강의도 하시고, 사람들이 필요로 할 때에 꼭 나타나시는 분.

항상 존경하고 있지요.

난 언제쯤 저렇게 살 수 있을까?

_ 2000.11.08.

이사 잘 했습니다

지난 18일 날 임대아파트로 이사를 했습니다.

요즘 꿈의 궁전을 꾸미느라 정신이 없어요.

아파트는 정말 좁아요.

부딪히는 사람들마다 아는 사람들이라서 인사하기 바쁘고, 안부 묻는 게 여간 힘든 게 아니에요.

결식아동 프로그램 때문에 알게 된 아이들이 꼬박 인사들을 하네요.

아침엔 아이들과 40분 정도 걸어서 학교 보내고, 어린이집 보내고, 전 출근을 하지요.

계단 200여개를 올라서서 다시 산을 타고 내려와서 옛날 우리 집에 다다르면 아이들과 인사를 하고 전 김치공장으로 내려오지요.

처음엔 걱정을 많이 했었는데 오히려 아이들과 아침마다 산보하는 기분으로 아침을 엽니다.

예전에 우리들은 보통 30분을 걸어서 학교를 갔었는데….

그래서 현재 우리 아이들이 그 길을 걸어 갈 수 있을까 걱정도

되었었는데….

어젠 같은 동에 사는 1학년 남자 아이가 혼자 우비를 입고 학교를 간다기에 우리들은 그 아이를 따라 갔죠.

우리 아이들, 그렇게 약하지 않네요.

어른들이 너무 과잉보호해서 약해지는 것이지, 아이들은 강하다는 사실 또 한 번 깨달았답니다.

오히려 아이들은 중간 중간에서 만나는 친구들과 도란도란 이야기도 하고 뛰면서 장난도 치고, 즐겁기만 하네요.

얼마쯤 있으면 큰 아이가 혼자 친구들과 학교 간다고 할 것 같아요.

너무 행복해서 어쩔 줄 몰라 하는 여전사 드림.

_ 2000.11.22.

아이들은 아직

오늘 아침 아이들과 걸어서 옛날 집에 가 보았습니다.

아이들은 그래도 옛날 집이 좋다고 하네요.

빈집에 들어가니 큰 아이는 뒷방이 그렇게 넓었냐고 묻더군요.

작은 아이는 큰 방 문턱에 앉아서 갈 생각을 하지 않고.

이상하지요?

이사한 집은 너무 화려하고, 생활이 편안하기만 한데 아이들은 옛날 그 집을 더 마음에 들어 하니 말입니다.

어른으로서는 이해가 잘 안 되네요.

_ 2000.11.24.

또 한 번의 기적이

출애굽을 읽을 때마다 이스라엘 민족들의 어리석음을 비웃었습니다. 하느님께서 그렇게 사랑을 퍼부어 주셨고, 경험을 하였으면서도 틈만 나면 배신을 하는 그 민족들이 한심하기 그지 없었습니다. 그런데 지금 저는 그 한심스럽고 어리석게만 보였던 이스라엘 민족의 속성이 바로 나에게 나타나고 있다는 사실을 깨달았습니다.

이 동네(달동네)에서 활동을 하면서 여러 가지 기적 같은 일들을 많이 겪었지요. 특히 결식아동 사랑의 도시락나누기 사업을 할 때 내일 아이들에게 먹일 쌀이 떨어져 주민회관 구석방에 웅크리고 앉아 하느님께 한탄만 하고 있을 때 웬 탤런트라고 하는 사람이 쌀을 주겠다고 하더군요.

설마.

20kg짜리 20포대.

어느 날 반찬값이 없어 헤맬 때 함께 달동네에 살고 있던 신부님이 자신의 동생에게 받아온 100만원.

남편이 신부님 꼬셔서 들고 온 100만원.

프로젝트가 다 끝나서 '결식아동 사랑의 도시락나누기'를 그만두어야 할 시점. 모든 사람들이 포기하라고 성화였었는데, 달사모 회원이 저에게 계속 해 보라고 하면서 건네준 300만원.

이제 1년 동안 끌어온 결식아동 도시락 나누기를 정말 끝내야 할 시점에 우연히 텔레비전에 나와 성금이 박터지도록 왔었던 일. 남매가 3개월분의 어린이집 보육료를 내지 못해 쫓겨나야 할 때 긴급구조로 그 아이들을 무사히 졸업까지 시킬 수 있었던 일.

무일푼으로 아주머니들과 일자리를 마련해서 우리가 우리 생활을 책임지기 위해 김치공장을 만들고자 했을 때 만져 보지도 못했던 후원금들이 들어오고.

근데 말입니다.

좀 어려워지고, 요즘 같이 지지리 궁상으로 살 때 하느님을 원망하고 부정하게 되는 자신의 모습을 보았습니다.

실은 지난 11월 18일 달동네를 떠나면서 다시는 저 사람들을 위해 일을 하지 않을 것이다라고 맹세했습니다.

아무리 해도 표 나지 않고, 혹시 흑심을 품고 이런 일들을 하는 것이 아닌가라는 의심과 시기심. 도와주어도 고마움을 표하는 사람보다는 더 받으려고 하는 사람들.

지긋지긋 했습니다.

어느 날 혜화동에서 만난 남편의 모습이 왜 그렇게 초라하게 보이던지. 시커먼 잠바에 구겨진 바지.

내가 지금 해야 할 역할은 무언인가 고민하게 되었습니다.

나와 내 남편 그리고 아이들을 위해 그간 아무 것도 해 준 것 없이 바쁘다는 핑계로 뒷바라지 제대로 해 준 적이 없음을 깨닫게 되었습니다.

그래서 귀를 막고, 눈도 막고 2~3개월을 지냈습니다.

그런데 학교 선생님으로부터 학비 지원에 대해 긴급구조 요청이 들어왔고 '달사모'에서 감당하기에는 너무나 큰 액수 그리고 기존에 후원을 했던 아이들의 등록금도 내야 하고….

많이 망서렸습니다.

남편에게 물어보았지요. cf21 회원들께 구조요청을 해도 되겠느냐고.(가톨릭 포럼/www.cf21.org)

괜히 남편의 얼굴에 먹칠하는 것이 아닐까 하는 두려움도 있었습니다.

그런데 생각지도 않았던 일들이 일어나고 있었습니다.

많은 분들이 거금들을 척척 내 주셨지요.

아이들 역시 후기에 상당수가 등록을 했구요.

제가 아는 분은 목요일 날 저에게 술을 사 주시면서 100만원이란 거금을 맡기시더군요. 덕분에 돈 잃어버릴까 봐 제대로 술도 못 마시고 왔지만….

또 한 번의 기적이 일어났기에 전 무릎을 꿇고 다시 감사의 기도를 드릴 수밖에 없었습니다.

항상 하느님께 끌려가고 있다는 느낌 때문에 부정해 보기도 하고 외도도 해 보았지만 별만 소용없었던 삶. 이제 다시 조용히 기도하며 지금 이 어렵고 힘든 상황을 어떻게 헤쳐 나가야 하는지 응답을 들으려 합니다. 항상 나의 든든한 빽인 하느님이 이번에도 저를 버리지 않으시리라는 믿음으로 말입니다.

모든 분들께 주님의 평화를 빕니다.

_ 2001.02.19.

누리가 말하는 어린이집과 학교의 차이점

누리에게 물어보았습니다. 학교에 가니까 좋지?

누리는 반 아이들 중 가장 작아서 1번입니다.

누리는 어린이집과 학교의 차이점을 이렇게 말하더군요.

어린이집은 떠들어도 괜찮은데, 학교는 무조건 조용히 하라고 하더라. 배고파 죽겠는데, 간식을 주지 않더라.

어린이집 선생님은 맨날 껴안아 주는데, 학교 선생님은 무섭더라.

오늘 교과서를 받아오는 날입니다. 책가방이 엉덩이까지 오는 누리. 책을 책가방에 넣고 잘 매고 올려는지. 어제는 요즘 수업하는 책(우리들의 생활?)을 놓아두고 왔더군요.

어린이집 생각하면서 누리는 괜찮다며, 다음날 가져오면 되지, 하더군요.

만사 편안하게 생각하는 누리.

과연 학교에 적응을 잘 할 수 있을까요?

_ 2001.03.08.

기쁜 소식

아이들의 2기분 학비 마감날이 22일이라 학부모 면담을 해야 할 아이가 있어서 며칠 동안 연락하다 드디어 학생 어머니를 목요일 날 만났습니다. 자그마한 꽃바구니를 들고 오셨는데 그 분의 이야기를 듣고 전 많은 반성을 했답니다. 그 어머니의 이야기인 즉 다행히 수요일 날 두 아들의 선생님들께서 연락을 주셨는데 학비를 면제해 주겠다고 했답니다. 전 축하를 드렸고, 그 어머니는 지난번 입학금을 내 주신 분들에 대해 고맙다는 인사를 주고받았지요. 그간 그 어머니의 고생담을 들었습니다.

몇 년 전 신림7동 달동네에서 피아노 교습소를 했지만 동네가 동네인지라 제대로 교습비를 받지 못하고 망했는데 여기다가 남편까지 병을 얻고, 빚마저 지게 되었지요.

IMF때라 더욱 막막한 이 엄마.

다른 사람들처럼 자신이 가난하다는 것을 밝히고 도움을 받기가 창피해서 혼자 이겨내려고 했답니다. 제가 알기로는 개인교습을 하는 줄 알았는데 그게 아니였더군요. 노동일을 해서 120만 원 정도 벌었답니다. 낮에는 파출부 일을 밤 5시 30분부터 새벽 4시까지는 식당에서 일을 해서 벌어먹고 살았는데 잠이 부족해서 아이들 학교 가는 것도 제대로 보지 못하고 밤에는 일을 나가니 아이들을 볼 수 없었고.

작년까지 그렇게 살았답니다.

임대주택에 들어오려고 했지만 도저히 생활할 자신이 없어 중도에 포기하고 그냥 500만원 전세 집에 살고 있지요.

그래도 빚은 어느 정도 갚았고, 파출부 일은 그만 두고 밤에 하는 일만 한다고. 하지만 새벽에 들어와 잠시 눈을 부친다는 것이 그냥 잠 속에 빠져 들어 아이들 아침을 제대로 챙겨 주는 일이 없는데도 불구하고 이 아이들은 정말 훌륭하게 자라고 있더군요.

남편도 시흥에서 개를 몇 마리 키우고 있고, 건강을 돌보고 있답니다. 그 엄마 작년에 심정이 노숙자가 차라리 편하겠다고 생각할 정도였답니다. 제가 정말 장하시다고 했더니 자신도 자기가 참 장해 보인다고 하시더군요.

그 분이 살아온 이야기를 들으며 많이 반성했습니다.

아직도 철없고 고생 모르고 살고 있는 저의 삶에 대해 다시 한 번 반성을 하게 되었습니다.

또 한 가지 기쁜 소식은 학비 지원하는 학생 중고등학생 한 명도 역시 선생님의 도움으로 학비가 면제되었답니다.

요 며칠 기쁜 소식들을 접하면서 몸과 마음이 한결 가벼워집니다.

물론 6월부터 시작될 철거가 걱정되기는 하지만 말입니다.

잠시 행복함을 느끼며 주님께 감사의 기도를 받칩니다.

_ 2001.05.19.

누리가요

오늘 누리네 학교에서 1학년들만 관악산에 놀러 갔습니다.

아침에 일찍 일어나 밥을 간장에 비벼서 김에 돌돌 말고, 토마토도 잘게 잘라서 설탕에 재워주고, 누리가 먹고 싶어 하는 과자도 사서 넣고 갔는데….

집에 와서 한다는 말이 과자는 친구가 먹고 싶다고 해서 통째로 주었고, 토마토도 친구들이 맛있다고 하나씩 먹는 바람에 자신은 하나도 먹지 못했고, 김밥 역시 친구들 주느라고 몇 개 못 먹었다네요.

왠지 속상했어요.

누리 혼자 먹기에도 부족한 음식이었는데 얼마나 배고팠을까?

근데 누리가 하는 말은 유치원 다닐 때 선생님이 그렇게 가르쳐 주셨다네요.

친구들에게 양보해야 한다고.

그래서 그렇게 했대요.

그래야 착한 사람이라나요.

한편으로는 대견스럽고, 한편으로는 걱정스럽고.

우리 아이들은 제발 엄마, 아빠 닮지 말고, 이 세상 누릴 수 있는 것 모두 누리면서 좀 풍족하게 걱정 없이 잘 살기를 바라는데 웬지 싹수가 노랗네요.

선우 역시 깍쟁이 같지만 실제로는 그렇지 못하거든요.

제 친구가 선우생일날 선물한 예쁜 필통을 친구가 자기 필통과 바꾸자고 했다고 바꿔주고, 그 이후 더 나쁜 필통으로 바꿔오고.

돈 모아 산 물건들을 친구들이 이쁘다고 달라고 하면 그냥 줘 버리는.

가끔 걱정이 되요.

아이들은 욕심이 많아야 공부도 잘하고, 잘 산다는데….

어떻게 키워야 하는지 참 난감하네요.

_ 2001.05.29.

편지(1993년 2월 14일)

사랑하는 당신에게

형이라고 부르다가 '당신'이란 말로 부르려니 어색하지만 이제 우리도 엄마, 아빠가 되었으니 격을 높여야겠다는 생각에 한 번 불러봅니다.

오늘도 선우 덕택에 잠 한 숨 못자고 아침 7시경에야 겨우 눈을 붙일 수 있었습니다. 당신과 헤어져 생활한 지도 거의 두 달. 이 기간 동안 우리들에게는 아기가 생겼고, 서로가 그 동안 자유롭고, 편안한 삶을 살다가 의무감이란 짐을 짊어지게 되어 성숙의 계기가 되었다고 생각합니다.

아이에게 모든 신경이 다 가 있는 상태였기 때문에 당신과는 서먹서먹한 관계가 되었다고 생각합니다. 그러나 이제 엉클어졌던 생활들을 마감하고 우리 셋이서 출발하려고 합니다. 또한 오늘은 여자가 남자에게 사랑을 고백하는 날이기도 하구요.

옛날 생각을 잠시 떠올려 봅니다.

많은 시간이 지나지 않았는데도 아주 까막듯히 옛날 일을 기억해 내는 것처럼 희미하게 생각이 납니다.

건대 사건으로 구속되었다가 풀려났던 그 해 2월 14일.

어쩔까 망설이다 헤어지면서 가판대에서 300원짜리 초콜릿과 담배를 선물했었던 기억.

기억상실증이 걸렸는지 그 다음은 생각이 나지 않습니다.

우리들의 생활 리듬이 잘 맞추어지기에는 아직 많은 시간이 필요하겠지만 서로 노력하기로 약속해요.

당신을 항상 사랑하고, 존경하면서 살아갈 것을 맹세(?)하면서 올해 밸런타인데이를 맞이하고자 합니다.

이제 더욱 성숙한 삶으로, 우리가 처음 세웠던 이상향을 위하여 최선의 노력을 다해야 하겠지요. 아직 어떻게 살아야 하는지 분명하지는 않지만 너무 조급하게 생각지는 맙시다.

선우 덕택에 요즘 인내를 배운답니다. 새벽 시간은 선우가 나의 인내심의 한계를 실험하는 듯합니다.

훌륭한 엄마는 될 수 없을 지라도 나쁜 엄마는 되지 말아야겠다는 생각을 해 봅니다.

내가 당신에게 제일 고마와하는 일이 무엇인지 아세요?

당신은 항상 무슨 일이건 모든 것을 차근차근 나에게 이야기 해주고 의견을 물어봐 주는 일입니다.

그때마다 당신의 자상함에 감동을 받지요.

서로 무미건조한 생활을 하면서 대화도 없이 지낸다면 아마 부부는 '가깝고도 먼 당신'이 되어 버리겠지요. 하지만 우리 주위의 부부들 중 각자가 생각하고, 실행하고 있는 일들에 대해 상세하게, 차근차근 이야기하는 부부는 드물 것입니다.

당신이 이것저것 이야기 해 주는 속에서 당신의 모습을 다시 한번 새롭게 발견하게 되고 나의 모습도 보게 되지요. 원래 속에 있는 이야기를 차근차근 이야기하는 습관이 들지 않은 나에게는 참으로 당신이 훌륭하게 보인답니다.

그러나 가끔가끔 당신이 철부지인 것처럼 느껴지는 때도 많지요. 아직 험난한 세상을 살아가기에는 여리고, 낭만적이고, 관념적인 모습이 수시로 발견됩니다.

솔직히 우리는 아직 어려움 없이 편안히 살아오고 있기 때문인지도 모릅니다. 이는 부모님 덕택이고, 주위의 친구들 덕택이라고 생각합니다.

형!

저는 이제 몇 년 동안 당신만을 의지하면서 살아가고자 합니다.

당신이 우리 집 가장으로서 우리들의 울타리가 되어 주길 부탁드립니다.

험난한 세상의 어려운 모든 것들을 막아주고 선우와 나를 지켜줄 수 있는 그런 당신이 되어 주길 바랍니다.

항상 당신을 사랑하고, 존경하고, 의지하며 저와 선우는 살아갈 것입니다.

1993년 2월 14일 당신에게 사랑을 고백하며 몇 자 적었습니다.(이번에는 선물을 준비하지 못했어요.)

선우와 우리 부부가 오늘부터 함께 생활하기 시작한 날이기도 하구요.

당신을 끔찍이 사랑하는 아내로부터.

아마 이 편지는 제가 선우를 낳고 친정에서 몸조리를 끝내고 집으로 왔을 때 썼나 봅니다.

참 새삼스럽네요.

_ 2001.11.08.

아이들의 웃음, 세상의 빛

첫눈이 왔습니다. 첫눈치고는 너무나 많은 눈이 쌓였습니다. 제가 출근하는 길은 어느 중 · 고등학교정문을 통과해 후문을 거쳐 산을 넘어 다시 산동네에 있는 한 중학교에 도착합니다. 오늘 학교를 지나쳐 오는데 전교생들이 운동장에 뛰쳐나와 눈사람을 만들고, 소리 지르고, 웃고, 어디서 구해 왔는지 비닐포대를 타고 산꼭대기에서 내려오는 아이들을 보았습니다. 그들의 얼굴에서 해맑은 웃음과 가식 없는 소탈한 웃음소리를 들었습니다.

바로 저런 모습이 아이들인데….

전 지난 7월부터 난곡에 있는 특히 가난한 아이들이 많이 다니는 중학교에 '지역사회교육전문가'란 이름으로 근무를 하고 있습니다. 이 명함이 무슨 일을 하는 사람인지 왜 학교에 있는 건지 이야기하자면 너무 길지만 잠시 설명해 드리고 싶습니다.

2002년 12월부터 교육인적자원부에서 제안하여 '교육복지투자우선지역 지원사업'이 지역단체들과 지방자치단체들, 학교교장단, 전교조선생님 등 관심 있는 사람들이 모여 논의를 거치면서 여러 번 난항을 거쳤지만 부산은 6월부터 서울은 7월부터 44개교

초 · 중등학교에서 2년 동안 시범사업으로 진행되고 있습니다.

쉽게 말해 지역적인 여건이나 가정적 여건이 열악한 학교를 지정하여 예산과 사람을 투여하여 평균수준의 교육 · 복지 · 문화의 혜택을 아이들에게 받을 수 있도록 하자는 것입니다. 원래 초창기에 논의되었던 것은 이제 교육이 단지 학교에서 가르치는 것만으로는 한계가 있기 때문에 보건복지부, 지방자치단체, 교육부, 문화관광부 등 학교와 국가, 지역사회가 함께 아이들의 미래를 열어가자는 취지였습니다. 그러나 여러 가지 문제로 인해 현재는 각 교육청만 참가한 상태에서 프로그램이 진행되고 있습니다.

더 이상 아이들의 교육은 학교 안에서만 또한 교육청이나 선생님들만 책임져야 하는 문제가 아님을 인식하고, 좀 더 아이들에게 교육 · 복지 · 문화적인 서비스를 확대해 나가 공교육의 정상화와 지역사회의 책임의식들을 강화시키기 위해 실시되고 있습니다.

제가 학교에서 하는 사업은 우선 대상자(교육복지대상자-도움이 필요한 학생들)를 조사하고, 그 학생들의 특성에 따라 어떤 도움이 필요한지를 파악하고, 지역단체들에게 도움을 요청하여 문제의 요소들을 해결해 나가는 것입니다. 또한 대부분이 가난하고, 불안정한 집안 사정 때문에 문화적 혜택을 받지 못하는 것을 해소하기 위해 무료로 영화 관람을 간다거나 캠프를 간다거나 현장체험을 간다거나 여타 우리 학생들이 즐거워하고, 도움이 될 만한 문화프로그램들을 선생님들과 함께 운영하고 진행해 나가고 있습니다.

'지역사회교육전문가'란 이름 속에는 참으로 많은 의미가 숨어 있습니다. 각 학교에 1명씩 배치가 되는데, 적어도 지역에서 2~10여 년 동안 NGO로 혹은 복지사로 혹은 상담사로 활동해 왔고, 지역네트워크 사업을 했던 사람들입니다. 즉 학교와는 거의 연계가 없이 공부방이나 급식소, 방과 후 아동지도나 각 복지관들의 프로그램들이 독자적으로 운영되는 것들을 학교의 필요성, 각 단체의 필요성과 전문성이 서로 결합되면서 아이들에게 도움이 될 수 있도록 도와주는 역할을 하는 사람들이라고 생각하면 좀 쉬워지려나? 사실 이 이름을 만들어낸 사람들 역시 존재에 대한 역할규명 없이 막연하게 규정지어 놓았기 때문에 다들 헤매고 있지만 말입니다.

제가 만나는 아이들은 학교에서 보통 '부진아', '부적응아' 라고 불리워지는 아이들입니다. 대충 이런 아이들 중 많은 아이들이 제가 달동네에서 '결식아동 도시락 나누기' 할 때 밥을 나누어주었던 아이들이었습니다.

처음에 학교에서 아이들과 만났을 때 전혀 그 아이들의 행동들을 이해하지 못했습니다. 말도 정확하게 하지 못하고 내가 하는 말 역시 알아듣지 못하는, 마치 벽에다 이야기하는 듯 했지요.

판자촌에 살 때 제가 본 아이들은 단지 가난이란 질곡으로 인해 밥을 굶고, 부모들에게 폭행을 당하는 그 정도인 것으로 알았습니다. 그런데 학교에서 만난 아이들은 너무나 많은 아픔들을 지니고 있었습니다.

몇 가지 사례를 들면 중 1학년인데도 몸집은 초등학교 4학년, 똑같은 말만 되풀이하고, 사람 말을 듣지도 않고, 목욕을 얼마나 하지 않았는지(집에 목욕시설이 없는 곳이 많은 지역입니다) 몸에서는 무지하게 냄새가 나고, 사람을 거부하는 아이. 학원을 다니다가 선생님에게 100대를 맞아서 그 학원 피해 다니느라 골목골목 돌아서 집을 가는 아이. 교복바지의 지퍼가 고장 난 지 벌써 몇 개월 되었지만 고칠 생각도 못하는 아이. 아빠는 없고, 엄마가 직장을 다니는데 밤 11시에 들어오고, 어린 여동생들을 보살피고, 밥도 먹여야 하는 아이. 학교에서는 공부시간에 엎어져 자고, 친구들에게는 왕따를 당하는 그러면서도 다른 사람이 다가가는 것을 거부하는 아이였습니다. 그래도 요즘에 쉬는 시간마다 저를 찾아와서 알아듣지도 못할 말들을 내뱉고 가지요.

또 한 아이는 너무나 멋지게 생긴 아이인데 항상 얼굴이 창백한 아이. 겉으로는 멀쩡한데 몇 가지 검사를 해 본 결과 뇌에 손상이 있는 것 같다는 소견을 받은 아이. 그래서 공부를 못하는 것인데 엄마는 이 아이를 위해 밤늦게까지 하는 엄격한 학원에 보내고, 아빠는 새 아빠인데 이 아이가 공부를 못하는 것에 대해 이해하지 못하고 무작정 목욕탕에 가두어 패고, 문을 열고 불을 켜놓지 않고는 잠을 자지 못하는 아이를 어두컴컴한 방에 꼭 가두어 밤을 새도록 만드는 사람. 행복한 가정을 이루는 것이라고 최상의 삶의 목표라고 하는 아이.

71일간이란 시간을 무단결석하여 유급당하는 아이들(중학교가 의무교육으로 되면서 퇴학이란 제도가 없어졌습니다), 학교가 지옥인 아이들을 봅니다.

이러한 아이들을 보면서 가슴이 마구 아팠고, 이들을 도와 줄 수 있는 방법이 없어 제 자신이 무력해졌습니다. 이 아이들의 아픔은 단지 학교 안에서 해결될 수 없는 문제이기에 지역 단체에 부탁하기도 하고 함께 도와주려고 하지만 도움을 줄 수 있는 지역체계가 형성되어 있지 않은 상태라 그저 아이들이 나를 찾아와 편안하게 지내다 갈 수 있게 하는 것이 다 입니다.

제가 몇몇 아이들의 예를 들었지만 전체 학생 923명 중 정말 아파하고 있는 아이들이 10%가 넘는다는 것입니다.

대부분이 '부적응' '부진아' 들이라고 일컬어지는 아이들. 이제 이런 아이들을 더 이상 방치해서는 안 됩니다. 이들이 그렇게 된 것은 어른들의 무관심, 폭력성, 이기심에 의해 상처받고, 아픔을 아프다고 하지 못하고, 그렇게 죽어가고 있습니다. 얼마 전 엄마의 주검을 안고 6개월 동안 살았던 아이에 대한 기사가 여기저기 나오면서 사회문제가 되었습니다. 그러나 제가 보기에는 똑같은 아이들이 곳곳에 많이 잠재되어 있다는 것입니다. 이러한 문제들을 조금이나마 풀어보자고 만든 사업이 '교육복지 투자우선지역 지원사업'입니다. 앞으로 이 사업이 얼마나 지속적으로 또한 얼마나 확대될지는 아무도 장담할 수 없습니다. 하지만 이 사업이 계속되는 한 열심히 해 보고자 합니다.

오늘 아이들의 얼굴에서 해맑은 웃음을 보았습니다. 눈싸움을 하는 아이들의 모습 속에서는 어떠한 그늘도, 아픔도 없었습니다. 아이들이 웃고 있었습니다. 바로 저런 모습으로 살아주길 바랄 뿐입니다.

얼마 전에 저희 아파트(철거민들이 단체로 이주해 살고 있는 임대아파트)에 있는 공부방에서 잔치를 벌렸습니다. 공부방은 작년 2월에 서울대 법대 학생들이 만들었는데 현재 자신들이 열심히 봉사하고 있지요. 잔칫날 연극도 하고, 춤도 추고, 노래도 부르고… 학교에서는 눈에 띄지도 않고 주눅이 들어 있을 아이들이 이날 무대의 주인공이 된 모습을 보면서 아이들 역시 기뻐했고, 보는 봉사자선생님들도, 부모들도 감격했답니다.

이제 겨우 십대 초반인 아이들에게 이 세상이 너무나 많은 상처와 아픔을 주었다면, 이제 그들에게 희망과 사랑, 자신들도 귀중한 사람이라는 것을 느낄 수 있도록 만들어 주는 것이 바로 우리가 해야 할 몫이라고 생각합니다.

아이들을 위해 할 수 있는 일들은 너무나 많습니다.

우선은 학교를 감옥이 아닌 아이들의 즐거운 삶의 터로 만드는 것, 지역에서 아이들이 편히 쉴 수 있고, 보호될 수 있는 사랑방을 많이 만드는 것, 가정에 문제가 있는 아이에게는 학교와 사회복지 단체들과 연계하여 지속적인 도움을 줄 수 있도록 하는 것, 부진아나 부적응 아이들을 위한 특별한 프로그램을 운영하는 것 등등.

그러나 무엇보다 중요한 것은 아이들을 이해하고, 사랑하고자 하는 마음이 가장 중요하지 않을까요? 그러면 내가 무엇을 해야 하는지 보게 되고 행동하게 되지 않을까요?

아직도 아이들에게 아무런 도움을 주지 못하면서 아파하기만 하지만 조금씩, 조금씩 그들에게 다가가 그들의 아픔, 함께 해 주고, 그들이 손 내밀었을 때 붙잡아 줄 수 있도록 준비해야겠습니다.

_ 격월간 〈공동선〉 2003년 11 · 12월호.

우리가 지켜 나갈 아이들입니다

제가 난곡 달동네에 처음 발을 디뎠던 1991년만 해도 우리 동네 사람들은 시골 마을처럼 서로를 위하고, 도와주는 곳이었습니다. 큰일을 치를 땐 품앗이도 해 주었고, 비가 오면 김치부침개와 막걸리로 정을 나눴으며, 누구라도 일당을 많이 벌어 오는 날엔 삼겹살에 소주 한 잔씩 골목에 모여 나눠 먹었지요. 그런데 IMF가 터지기 1년 전부터 가난한 지역에서는 심각한 일들이 일어나기 시작했습니다. 아침에 일어나 골목길을 나서면 술에 취한 아저씨들이 여기저기 누워 있기 일쑤였습니다.

새벽에 인력시장에 나가 노동을 팔기 위해 기다려도 점점 일하러 나가지 못하는 날들이 많아지자, 아이들이 등교하기 전까지 집에도 못 들어가고 소주로 화를 달래다 쓰러져 잠이 든 거지요. 그러다 지나가는 사람들에게 시비를 걸기도 했어요. 제가 살던 골목에는 열다섯 가구 이상이 살았는데, 화목하게 잘 살던 가정들이 이렇게 하나둘 파괴되기 시작했습니다. 주로 엄마들이 집을 나가는 걸로 시작해서 어느 날 갑자기 할머니에게 맡겨지는 아이들도 생겨났지요. 참 많이 추웠고, 무서운 나날들이었습니다.

함께 활동하던 사람들은 머리를 맞대고 제발 사람들이 굶어 죽어 나가지 않게 해 달라고 기도하며, 그 당시 '실업극복' 단체나 여타의 지원 단체들을 찾아다니기 시작했습니다. '결식아동 사랑의 도시락 나누기 사업'도 하고, '사랑의 학교'라고 해서 방학 동안 200여 명의 아이들에게 공부를 가르쳐 주기도 했습니다. 문화체험이며 함께 밥을 먹는 프로그램도 해 봤고, 일자리를 창출하자며 지역 주민들과 함께 여러 가지 사업들도 펼쳤습니다.

그 당시 1학년에 입학한 아이들은 4월까지는 급식을 하지 않았습니다. '도시락 나누기'는 저녁을 중심으로 밥을 제공한 탓에 1학년의 경우 잘못하다가는 하루 종일 굶는 일도 일어날 수 있었지요. 새벽에 부모들이 일하러 나가면 밥도 못 먹고 학교에 오는 아이들이 많았기 때문입니다.

생각 끝에 초등학교 1학년 선생님들께 부탁해서 아이들을 모집했습니다. 수업이 끝나면 담당 선생님께서 각 반 담임선생님들께 협조를 구해 아이들을 한 교실에 모이게 해 주셨고, 저는 그 아이들을 '도시락 나누기'를 주관하는 사무실로 데리고 가 점심을 먹였지요. 그 선생님들이 참으로 고맙게 느껴지더군요.

또 한 번은 우리 동네 초등학교 교사로 근무하고 있는 제 친구가 입학금을 내지 못해 중학교에 입학하지 못하는 세 학교 아이들의 명단을 저에게 보내 주었습니다. 그 당시 '학비지원 가톨릭 모임'을 운영하고 있던 저는 긴급 후원금을 모집하게 되었고, 중간에 입학금을 낸 아이들도 있어 무사히 모든 아이들이 중학교에 입학할 수 있었습니다. 그리고 나서도 모금액이 조금 남았는데, 한 중학교에서 문의가 들어왔습니다. 학비가 밀려 졸업을 할 수 없는 아이들과 진급을 할 수 없는 아이들을 도와줄 수 없냐는 내용이었습니다. 하늘이 도우셨는지 그 아이들 역시 무사히 진급과 졸업을 할 수 있었습니다. 부족한 부분은 학교 선생님들이 후원자들을 물색해 해결하기도 했습니다.

달동네인 난곡에는 민간인들이 운영하는 무료 공부방이 많이 운영되고 있습니다. 방과 후에 아이들에게 많은 서비스를 제공하고 있지요. 그러다 보니 조금 더 욕심이 생기더군요. 2백 명에서 많게는 3백 명이 넘는 아이들을 보살피는데, 학교와 지역과 가정이 함께 힘을 합친다면 상승 효과가 있지 않을까 하는 욕심 말입니다.

그 무렵 교육인적자원부에서 '교육복지투자우선지역 지원사업'에 대한 토론회가 있었고, 꿈에서만 그리던 일들이 펼쳐지고 있다는 생각이 들었습니다. 소외계층의 영·유아, 청소년들에게 교육·복지·문화의 혜택을 주어 출발선이라도 다른 계층의 아이들과 비슷하게 만들어 주고, 지역교육공동체를 형성해 아이들을 학교-가정-지역이 공동으로 지원하고 지지해 주는 시스템을 만들자는 게 그 내용이었습니다. 학교를 중심에 두되, 학교의 벽을 무너뜨리고 폐쇄적이었던 학교를 개방시켜, 지역 주민과 아이들에게 교육과 복지와 문화의 중심축으로 서게 만들겠다는 야심 찬 계획이었죠. 그러나 그 계획들이 순조롭게만 진행되지는 못했습니다. 여러 가지 변수들이 생겨났고, 사업들이 재조정되었으며, 하부 단위로 계획이 내려가면 내려갈수록 원래 취지와는 다르게, 이상한 모양새로 변해 버리더군요.

그러나 되돌아보자면, 2003년 7월부터 시작해 3년차에 접어든 이 사업은 많은 문제점만큼이나 큰 성과를 이뤄낸 것도 사실입니다. 지원사업은 교사와 학생, 사회단체, 아동·청소년 단체들이 열심히 노력해야만 성과가 나타나는 사업입니다. 그 속에서 특히 새롭게 나타난 사람들이 지역사회교육전문가와 프로젝트조정자들입니다.

지역사회교육전문가들은 지원사업에 선정된 학교들에 한 명씩 배치되었는데, 사회복지사, 상담사, 청소년지도사, 지역활동가 등 해당 지역에서 적어도 2년 이상 아동 · 청소년들을 위한 네트워크 사업을 진행해 본 분들이었고 각 학교 운영위원들이 뽑았습니다. 프로젝트조정자는 지역의 4~7개의 학교를 조정하는 역할을 맡아 지역교육청마다 한 명씩 근무하게 되었지요.

저는 1년 반 동안 난곡지역의 한 중학교에서 지역사회교육전문가로 활동하다가 올해 1월 1일 부로 지역교육청에서 프로젝트조정자로 일하게 되었습니다. 제가 근무하던 학교는 지원사업을 시작하기 전에는, 정말 한 여름인데도 냉기가 흐르는 곳이었습니다. 수업시간이 끝나면 삭막할 정도로 조용하고, 아이들의 얼굴에는 늘 그늘이 어려있었지요. 그러나 1년 반이 지나자 학교는 많이 변했습니다. 수업시간 이후에도 학교는 어느 곳이든 아이들로 북적거립니다. 운동장 농구 코트에서 정신없이 농구를 하는 아이들, 여섯 개의 탁구대가 들어선 강당 앞에서 순서를 기다리는 아이들, 보컬부 교실을 기타 소리, 드럼 소리로 채우는 아이들….

이제 학교는 다닐 수밖에 없는 곳이 아니라 다니고 싶은 곳으로 변화하고 있습니다. 아이들 역시 얼굴 표정이 밝아졌고요.

1년 반 동안 많은 아이들을 만났습니다. 집안에 문제가 있는 아이, 폭력을 쓰는 아이, 학교를 다니기 싫어하는 아이, 지능이 모자라는 아이, 갑자기 부모가 사라진 아이 등. 지역에서 오랫동안 활동해 왔지만 아픔을 안고 있는 아이들을 이렇게 집중적으로 많이 만났던 적은 없습니다.

앞으로 저는 그 동안 제가 만났던 아이들에 대해 이야기하고자 합니다. 이제 겨우 10대 초반인 우리 아이들이 하루하루 얼마나 지옥같이 살아왔는지에 대해 말입니다. 희망이 없다는 것, 그저 눈을 뜨고, 먹고, 아무 느낌 없이 살 수 밖에 없었던 우리들의 아이들. 학교 선생님들에게만 탓을 돌리기엔 너무 많은 아픔들을 안고 사는 아이들이 거기에 있었습니다. 제가 만났던 아이들 모두에게 완벽하게 무언가를 주었다고 생각하지는 않습니다. 앞으로도 계속 풀어 가야 할 숙제들이 많지요. 한 아이를 돌보기 위해서는 한 마을이 필요하듯, 이제 아이들을 학교에서만 책임지게 해서는 안 된다고 생각합니다. 아이들은 바로 우리들이 함께 도와주고, 지켜봐 주고, 지원해 줄 때만 건강하게 자랄 수 있습니다.

지난 1년 반을 돌아보면 참으로 부끄러웠던 기억도, 보람을 느꼈던 기억도 많습니다. 또, 아이들은 기다려 주지 않는다는 것도 배웠습니다. 매년 다음에는 좀 더 잘 해 줘야지 하고 생각했는데, 아이들은 금세 졸업을 해 버리고, 떠나 버립니다. 지원사업이 고등학교까지 연계될 수 있으면 좋겠지만 아직 중학교에만 머물고 있어 우리 아이들이 앞으로 어떻게 커 갈지 걱정도 이만저만이 아닙니다.

하지만 앞으로 이러한 지원사업이 확장된다면 혹은 우리가 이 아이들에 대해 조금 더 알게 된다면 좀 더 많은 아이들에게 많은 도움을 줄 수 있을 거란 생각을 합니다. 아이들을 위해서는 정말로 많은 사람들의 도움이 필요합니다. 이 아이들을 위해 앞으로 저와 함께하시지 않겠습니까.

(우리 아이들이 학교 안에서 어떻게 생활하는지 제가 궁금해 하는 것처럼, 학교에 계신 선생님들도 학교 밖의 아이들이 어떻게 생활하는지 궁금할 거라고 생각합니다. 이 지면을 통해 서로 소통하고 우리 아이들에 대해 함께 더 알아 나갔으면 좋겠습니다.)

_ 중등교육, 2005년 03월호

한 아이를 위해서는 한 동네가 모여야 합니다

제가 지역 중학교에서 '지역사회교육전문가'로 근무할 때의 일입니다. 하루는 동사무소에서 전화가 왔습니다. 우리 학교 2학년 아이의 어머니가 동사무소에서 행패를 부리고 있으니 아이더러 데려가라는 전화였습니다.

이 아이의 가족은 제가 판자촌에 살 때 바로 옆집에 살던 이웃이었습니다. 그래서 무슨 일인지는 대충 짐작할 수 있었지요. 아이들이 모두 네 명이나 되는 이 집의 아버지는 늘 술에 절어 있었고, 어머니 역시 정신질환을 앓고 있는 분이었습니다. 이전에도 동네 사람들은 그 가족을 위해 참 많은 일들을 했습니다. 〈사랑의 리퀘스트〉라는 프로그램에 출연해 후원금도 받게 하고, 매일 도시락도 주고, 동사무소에서는 공공 근로를 주선했더랬습니다. 철거가 시작되면서 그 집도 아랫동네로 이사를 가야만 했는데, 그래도 후원금이 있어서 다른 사람들에 비해 좋은 집으로 이사할 수 있었습니다. 이사를 한 뒤로는 저와 연락이 끊긴 상태였습니다.

여하튼 아이는 어머니를 모시러 동사무소로 갔고, 다음 날 학교에 오질 않았습니다. 무슨 일일까 고민하고 있던 차에 동사무소에서 같은 일로 또 전화가 왔고, 이번에는 담임선생님과 제가 어머니를 모시러 가게 됐지요.

어머니는 이미 동사무소를 한바탕 휘젓고 사라진 뒤였습니다. 온 동네를 뒤져 겨우 찾아내긴 했지만 소리를 지르며 우리를 마구 때리는 통에 겨우 안정시켜 집으로 데리고 갈 수 있었습니다. 그런데 집이라는 곳이 너무 엉망인데다 이삿짐은 온통 길거리에 나와 있더군요. PC방에서 겨우 찾아낸 아이는 우선 학교로 데려와야만 했습니다.

주위를 수소문해 아버지는 알코올중독에 정신병까지 얻어 요양소에 간 지 오래되었고, 설상가상 어머니의 상태도 악화돼 살던 집에서도 쫓겨났다는 걸 알아냈습니다. 주위 사람들의 도움으로 어렵사리 새집을 구하긴 했는데, 집주인이 어머니의 상태를 보고선 이삿짐도 못 들여놓게 했다는 것이었습니다. 세상에 대한 미움으로 가득 찬 어머니는 아무한테나 화풀이를 해 댔고, 아이들마저 학교에 못 가도록 잡아 둔 상태였습니다.

너무나 복잡한 가정이라 어디서부터 도와야 할지 막막했지요. 우선은 동생들이 다니고 있는 초등학교에 전화해 담임선생님께 가정방문을 부탁드렸고, 아이들이 학교에 다닐 수 있도록 도와 달라고 말씀드렸습니다. 학교에 오면 적어도 밥은 굶지 않을 것 같았습니다.

회의도 소집했습니다. 복지관 관계자, 밥을 지원해 주는 곳의 관계자, 동사무소 관계자, 자활센터 등 7개 단체가 모였습니다. 각자 알고 있는 정보를 나누고, 어떻게 지원할 수 있을지 논의를 시작했지요.

집을 구하는 것에서부터 이삿짐을 옮기는 것까지 최선을 다해 도와준 사람들 덕에 어렵사리 집을 구해 무사히 이사도 하고 어머니는 외삼촌이 모셔 가게 됐지만, 어느 누구도 아이들을 돌볼 수 있는 형편은 되지 못했습니다.

다시 긴급회의를 소집해 매일 가사도우미를 파견하기로 했고, 방과 후에는 공부방에서 지낼 수 있도록 했습니다. 생활비와 용돈은 후원 조직을 구성해 마련했고, 주말 동안은 자원봉사자들이 돌봐 주기로 했고요.

아이들의 담임선생님들께 일이 어떻게 진행되고 있는지 말씀드리자, 선생님들께서도 아이들에게 더욱 관심을 가져 주셨습니다. 무료로 캠프나 체험학습, 특기적성 같은 프로그램에 참여할 수 있도록 도와주고, 매일 조례시간이나 종례시간에 반 친구들 앞에서 칭찬해 주는 것도 잊지 않고 챙기셨습니다. 밤에는 동네 분들이 아이들을 방문했고, 한 공부방 선생님은 막내를 재우고, 먹이고, 공부도 시켜주셨지요. 후원 조직도 잘 꾸려져 매달 생활비가 나왔습니다. 언젠가는 셋째가 맹장 수술을 하게 되었는데, 가사도우미가 큰 역할을 해 준 덕에 무사히 퇴원할 수 있었습니다.

몇 개월이 지나자 아이들은 친구도 많이 사귀고 밝아진 게 보이더군요. 무엇을 물어도 고개만 숙이고 있던 아이들은 선생님한테 장난도 치고, 눈도 마주치곤 합니다. 물론 둘째가 자주 학교를 빠지는 경향이 있지만 말입니다.

그런데, 어머니가 요양소에서 나와 집으로 돌아오면서부터 악순환이 반복되고는 있습니다. 부모가 있으면 가사도우미가 매일 집으로 찾아갈 수 없는데, 이 어머니의 경우 날씨가 흐리면 집을 나가 버리는 통에 아이들은 자주 방치되곤 합니다. 또다시 불안한 생활로 돌아온 셈이지요. 저 역시 학교를 떠나 가끔 아이들이 다니는 공부방이나 '사랑의 밥집'에서 듣는 소식이 전부입니다. 그나마 조금이라도 아이들이 안전하게 지낼 수 있는 시스템을 마련했다는 데서 위안을 얻는 정도이지요.

그러나 전 한 아이를 도와주기 위해서는 교사를 포함한 동네 전체가 한 마음으로 움직이지 않으면 안 된다는 사실을 절실히 깨달았다는 데서 의미를 찾습니다. 충분한 사랑을 받으면 아이들은 분명히 변한다는 것도 말입니다. 여전히 많은 아이들이 이웃의 도움과 사랑을 기다리고 있습니다.

_ 중등교육, 2005년 04월호

일진회 아이들도 우리 아이들입니다

요즘 일진회 아이들 문제로 온 나라가 떠들썩합니다. 경찰까지 동원해 일진회 아이들의 폭력과 일탈행위를 싹쓸이하겠다고 하더군요. 하지만, 무조건 싹쓸이하겠다는 말보다 중요한 것은 일진회가 무엇이며, 어떤 아이들이 일진회가 되는지, 일진회는 왜 생겨났는지, 또 '일진회 문제'를 해결하기 위한 현명한 방법은 무엇인지 한 번쯤 생각해 보는 것 아닐까요?

아마 그 누구도 자신의 아이들은 일진회에 속해 있지 않다고 자신있게 말할 수 없을 것입니다. '일진'은 모임의 이름이 아니라 특정 학교에서 (싸움) 일등을 가리키는 말이고, 일진회는 싸움에서 일등 하는 아이를 중심으로 모인 모임을 이야기합니다. 그러니 당연히 각 학교마다 일진도 있고, 이진도 있고, 삼진도 있게 되는 거죠.

그런데 마치 사람들은 일진이 마피아 조직인 것처럼 일진이 존재하는 것만으로도 심각한 사회 문제인 양 말합니다. 그리고 이 '나쁜 아이들' 때문에 순진무구한 대부분의 아이들이 자살하거나 정신병에 걸린다고 생각해 버립니다. 물론 저 역시 무조건 아니라고 말하지는 않겠습니다. 그러나 누가 그 아이들을 만들어 왔고, 그런 아이들을 위해 우리는 무엇을 해 왔는지 한 번 생각해 볼 필요는 있다고 생각합니다.

제가 근무했던 중학교에도 일진회가 있었습니다. 술도 마시고, 다른 아이들의 돈도 빼앗았으며, 지역 일진이 되기 위해 다른 학교 아이들과 패싸움도 하는 거친 아이들이었지요.

그런데 이 아이들 역시 자신들을 위한 프로그램이 기획되자 서서히 변하기 시작했습니다. 많은 선생님들과 전문가들이 프로그램을 만들고 노력한 결과, 1년 뒤에는 거의 문제를 일으키지 않았지요. 오히려 자신들의 경험을 바탕으로 학교폭력 예방을 돕는 좋은 조력자가 되어 주었습니다. 1년 동안 과연 무슨 일이 있었던 것일까요?

우선 저희는 '부적응 학생들을 위한 스포츠교실'을 만들었습니다. 일진회 아이들이나 부적응 아이들을 모아 농구와 축구, 탁구팀을 구성했고, 아침마다 연습해 나중에는 대회에서 상까지 받게 됐습니다. 유니폼까지 갖춰 입고 학교 대항 시합에 참가하다보니 다들 자신감이 생겼는지, 이젠 대회에 나가서 상을 타오지 않으면 섭섭해 할 정도가 됐습니다. 나중에는 운동에 관심이 있는 평범한 아이들도 함께 하게 되었지요.

일진 아이들은 에너지가 넘쳐 납니다. 그 주체할 수 없는 에너지를 소진할 수 있는 일이 이 아이들에겐 필요했는지 모릅니다. 그렇게 운동을 시작하고 난 뒤로는 더 이상 문제를 일으키지 않았거든요. 뒷산이나 음침한 장소에 모여 다른 아이들을 괴롭힐 시간에 학교 운동장에 모여 축구를 하게 된 것이죠.

사제동행 프로그램도 진행했습니다. 소위 학교에서 '사고를 친' 아이들을 대상으로 하는 프로그램인데, 선생님과 아이들이 관악산을 함께 등반하기도 하고, 함께 금연상담을 받거나 집단상담 프로그램에 참여하기도 했습니다. 몇몇 선생님들은 그 아이들에게만 너무 많은 혜택을 주는 것이 아니냐며 얄밉다고 이야기할 정도로 알찬 프로그램들을 꾸려 나갔지요.

그렇다고 하루아침에 아이들이 바뀐 것은 아닙니다. 그러나 '사고'를 치고 벌을 받아도, 많은 사람들이 자신들을 아끼고 있다는 것을 알게 됐기 때문인지 금방 반성을 하고 자신의 잘못을 인정하게 되더군요.

어떻게 보면 학교가 소수의 아이들만을 위해 엄청난 돈과 시간을 들인다고 생각할 수도 있습니다. 그렇지만 그 아이들이 학교생활에 잘 적응해 주고 다른 아이들과 함께 잘 생활해 준다면, 그래서 모든 아이들이 편하게 학교를 다닐 수 있다면 얼마나 좋은 일이겠습니까! 하지만 이런 일은 몇몇 선생님들만의 노력으론 불가능합니다.

한 초등학교에서 근무하던 지역사회교육전문가에게 두 초등학교 일진들이 패싸움을 하기로 했다는 정보가 들어왔다더군요. 그래서 남자 선생님들에게 패싸움을 말려 달라고 부탁했지만, 끝내 외면당했다는 것입니다. 만약 현명한 선생님이라면 어떻게든 싸움을 피하게 만들었을 것입니다. 그 선생님은 아마 겁이 났거나, 만에 하나 생길 수 있는 문제에 대해 책임지고 싶지 않았는지도 모릅니다. 물론 저는 선생님들을 탓할 생각은 없습니다. 학교 안에 이런 문제들을 해결할 수 있는 시스템과 전문가가 없는 상태에서 선생님들에게만 책임을 전가하는 것은 잘못된 일이기 때문입니다.

그러나 우리 어른들이 노력도 하지 않고 너무나 쉽게 이 문제를 해결하려는 것은 맞습니다. 문제를 일으킨 학생을 전학 보내거나,

경찰서로 보내거나, 그것도 아니면 퇴학을 시키지요. 내 아이만 피해를 보지 않으면 된다는 심정으로 이렇게 문제에 접근한다면, 영원히 문제는 해결되지 않을 것입니다.

어느 시대건 일진은 있었습니다. 그랬으면서도 우리는 마치 지금의 아이들만 문제인 것인 양 말합니다. 이제 누구 탓이라고 이야기하지 말고, 나와 우리가 무엇을 어떻게 함께할 것인가에 대해 고민하고, 이야기하며, 실천했으면 합니다. 일진이든 아니든, 가해자든 피해자든 모두가 다 우리 아이들입니다.

_ 중등교육, 2005년 05월호

편견과 측은지심은 사양합니다

환경이란 참 무서운 것 같습니다. 15여 년 동안 저소득층 사람들과 살다 보니 이제는 중산층이나 고소득층을 만나면 왠지 어색하고 무슨 말을 해야 할지 두렵기까지 합니다. 이런 말을 하는 이유는 그 동안 제가 들려드린 아이들의 이야기가 글을 읽는 선생님들에게는 너무 낯선 것들이 아닐까 하는 생각이 들어서입니다. 사실 저소득층이 아니어도 힘든 시기를 보내는 아이들이 많겠지만, 15여 년의 경험이 제가 이 일을 계속할 수 있게 하는 동력이기 때문에 이번 역시 그 아이들의 이야기를 하고자 합니다.

2004년 제가 지역사회교육전문가로 근무할 당시 선생님들의 부탁과 협조 요청으로 형편이 어려운 아이들의 가정을 방문하게 되었습니다. 그 중에는 정말 위기의 순간에 맞닥뜨린 아이들도 있었지요. 지역의 단체들과 합심해 몇몇 아이들을 도와줄 수 있었지만, 마냥 지켜볼 수밖에 없었던 적도 많습니다. 그러다 보니 아이들을 도울 수 있는 보다 적극적인 대안과 활동이 필요하다고 생각했습니다.

그래서 프로젝트조정자가 되면서는 교육복지 투자우선지역 지원사업에 참여하고 있는 학교들을 중심으로 가정방문을 하겠다고 생각했고, 실제로 학교와 함께 공동 사업을 진행하게 되었습니다.

한 명부터 많게는 네 명까지 각 반에서 아이들이 추천되었고 교사와 지역사회교육전문가들이 함께 가정방문을 실시했습니다. 대부분 가정이 해체된 상태의 아이들이었고, 특히 아버지와 함께 살고 있는 아이들은 거의 방치되다시피 한 상태였습니다. 아버지가 지방으로 막노동이라도 하러 가게 되면 아이들 혼자서 생활한다고 합니다. 초등학교 2학년짜리 아이 하나도 실제로 그렇게 생활하고 있었습니다. 장애인인 큰 아이는 하루 종일 집에만 갇혀 있고, 동생은 밤늦도록 동네를 돌아다니며 언제 들어올 지 기약이 없는 상태였습니다. 그렇게 방치된 아이들은 급하게 가까운 공부방에 부탁해 저녁을 먹을 수 있도록 조치를 취했지만, 워낙 자유롭게 지내던 아이들이라 틀에 묶이기 싫어서인지 그곳에는 잘 가지 않는다고 합니다.

가정방문을 실시하기 전에 한 학교에서 교사 교육이 있었습니다. 가정방문을 하지 않은 지가 벌써 10년째라 교사들이 가정방문을 부담스러워 했기 때문입니다. 초임 교사들은 특히 더 그랬는데, 실제 가정방문을 하면서는 훨씬 더 힘들어했지요. 컴컴한 지하방에서 여섯 식구가 함께 자고 먹는 모습을 보자니 얼마나 놀랍고 안타까웠을까요. 그렇게 가정방문을 한 차례 하고 난 분들은 동료 교사들에게도 자신의 경험을 이야기하면서, 가정방문의 필요성을 주장하게 되더군요.

그런데 그 다음이 문제입니다. 교사들의 반응은 여러 가지입니다. 아이들이 그 '불쌍한' 생활에서 벗어날 수 있는 방법은 공부밖에 없다고 생각해 아이에게 무조건 공부를 강요하기도 하고 혹은 너무 안타까운 마음에 무엇이든(특히 물질적인 것) 주려고만 하는 분들도 있습니다.

물론 좋은 환경은 무척 중요합니다. 하지만 좋은 환경을 갖추고 있지 못하다고 해서 꼭 불행한 것은 아닙니다. 편견과 측은지심에서 한 행동들이 오히려 아이들에게 상처가 될 수도 있습니다.

제가 판자촌에 살 때도 불쌍하다는 눈빛으로 저를 쳐다보고 지나간 사람들이 있었지요. 아침에 빨래를 널고 있었는데 잘 차려입은 사람들이(아마도 빈민 현장방문 같은 프로그램이 있었나 봅니다) 지나가다 저를 보게 된 것이지요. 동정의 시선을 받는 것이 참 억울했습니다. 저는 참 행복하게 살고 있었거든요.

그러면 도대체 무엇을 어떻게 하라는 말이냐고 반문하시겠지요? 무조건 불쌍히 여기기 전에 어떻게 하면 아이들의 마음을 잘 알 수 있을지 그 방법을 찾으셨으면 합니다. 그저 드러나지 않게 도와주고 힘이 되어 주시면 그리고 장점을 찾아 스스로 진로를 찾을 수 있게 만들어준다면, 아이들은 스스로 살아가는 방법들을 찾아 낼 것입니다. 이 아이들 중에 교사로서 도저히 도와 줄 수 없는 아이가 있다면 지역 사회를 둘러보십시오. 복지관도 있을 것이고, 지역아동센터나 공부방도 있을 것입니다. 아이에게 심각한 문제가 생겼을 때 학부모들에게 도움을 청해 급한 불을 끌 수도 있을 것입니다. 물론 가장 좋은 것은 학교에서 이 아이들을 도울 수 있는 방법을 모색할 수 있게 팀을 구성하는 것입니다. 학교복지부, 학교상담부처럼요.

학교에 있으면서 제가 가장 크게 깨달았던 것은 아이들에게 미치는 교사의 힘이 엄청나다는 것이었습니다. 제가 열심히 아이들을 지지해 주는 것보다 담임선생님이나 다른 선생님들의 칭찬 한 번이, 수업시간의 따뜻한 말 한마디가 훨씬 더 빨리 아이들을 변화시킵니다.

학교에는 저보다 훨씬 더 아이들을 사랑하고, 지원하고, 힘이 되어 주는 분들이 많을 것이라고 생각합니다. 그래서 혹시 주제넘은 이야기였는지도 모릅니다. 그렇지만 이 이야기를 꺼내 놓은 것은 우리 아이들을 지원해 주는 시스템이 지역에 만들어지는 것처럼 학교에서도 만들어졌으면 하는 바람 때문입니다. 그래야 우리 아이들에게 더 많은 힘을 실어 줄 수 있을 테니까요. 오늘도 아무런 희망 없이 살아가고 있는 아이들을 위해 어른들이 해 줄 수 있는 것은 무엇일까를 생각해 봅니다.

_ 중등교육, 2005년 07월호

경험과 사랑을 나누는 정서적 지원, 멘토링

교육복지투자우선지역 지원사업이 시작되면서 대부분의 지역과 학교에서는 저소득 아이들을 지원하기 위해 멘토링 사업, 즉 일대일 결연 사업을 추진해 오고 있습니다. 멘토링의 기원은 호머의 대 서사시 〈오디세이〉에 나타나 있다고 합니다. 트로이 전쟁에 참전하게 된 오디세우스는 자신의 아들인 텔레마쿠스를 가장 친한 친구인 멘토르(Mentor)에게 맡기게 됩니다. 멘토르는 텔레마쿠스의 보호자이자 가정교사가 되었고, 전쟁에서 돌아온 오디세우스는 텔레마쿠스가 훌륭한 어른으로 자라난 것에 만족해했다고 합니다. 이때부터 '멘토'는 현명하고 책임감 있는 보호자라는 의미로 사용되어 온 것이지요.

우리에게 '멘토'는 여전히 생소한 개념입니다. 그러나 꼼꼼히 살펴보면 사실 여러 곳에서 멘토링이 진행되고 있습니다. 일대일 결연 사업이 대략 그것이지요. 이것은 물질적 지원이라기보다는 일주일에 한 번 이상 아이를 만나 말벗도 해 주고 숙제도 봐 주며 같이 장도 보러 다니는 등, 아이가 원하는 일을 함께하며 진정한 지원자가 되어 주는 것을 뜻합니다. 따라서 멘토링 사업 혹은 일대일 결연 사업은 1, 2년 안에 끝나는 것이 아니라 장기간 이루어져야 의미가 있습니다.

저희 지역도 올해 7월부터 이 멘토링 사업을 시작했습니다. 가정 방문을 통해 알게 된 아이들이나 학교에서 소외 받는 아이들에게 정서적 지원자를 지원해 주었지요. 아이들의 몸과 마음이 모두 건강해질 수 있도록 도와주는 지원자를 '멘토'라 부르고, 지원을 받는 아이들과 청소년을 '멘티'라고 부릅니다.

아이들에게 멘토가 얼마나 절실한 지를 알기 때문에 가능한 많은 아이들을 지원해 주고 싶었지만, 멘토를 구하는 일은 정말 어려웠습니다. 적어도 6개월은 멘토의 역할을 지속해야 하고, 일주일에 한 번 이상은 멘티들과 만나야 하며, 한 달에 한 번 이상은 지역의 모든 멘토가 모여 사례 회의를 해야 하는 일이 만만치 않기 때문입니다. 그뿐 아니라 멘토링 일지를 쓰고, 멘티의 가정 형편을 살펴 무엇이 문제인지, 어떤 지원이 필요한 지를 파악하고, 멘토링 교육을 받고, 멘티들과 가까워지기 위해 무엇을 해야 할 지 고민하는 것이 모두 멘토들의 몫이기 때문에 중도에 탈락하는 멘토들도 많이 생깁니다. 물론 멘토들이 말없이 사라지고 나면 아이들은 큰 상처를 입게 되지요.

멘토의 중심된 역할이 무엇이 되어야 할 것인지는 멘토와 멘티의 상황에 달려 있습니다. 저희 지역은 대학생 · 직장인 멘토링과 적십자봉사자 멘토링으로 진행되는데, 대학생 · 직장인 멘토들은 아이들과 좀 더 친해지기 위해 영화관이나 서점에 가고, 관악산도 함께 등반합니다. 가장 주된 도움은 학습을 지원하는 것이지요. 반면 40~50대 아주머니들로 구성된 적십자봉사자 멘토들은 밑반찬을 만들어 주고 생활을 돌봐 주며 부모의 빈자리를 채워 주는 역할을 하게 됩니다.

그러나 아직 초기 단계라 시행착오나 실수도 많고, 어떤 역할을 해야 하는 것인지 멘토들도 수없이 고민하는 게 사실입니다. 아주 열심히 활동하는 멘토 한 분이 있었지요. 군대 가기 전까지 시간이 있다며 공부방에서 자원 교사 활동도 하고, 초등학교와 중학교에 다니는 멘티도 두 명 맡았지요. 방학 때 관악산도 가고, 동물원에도 가고, 축구도 했다고 하더군요. 덕분에 그 둘은 무척이나 신나게 놀았지요. 그런데 초등학교 2학년 남자 아이였던 멘티의 담임 선생님이 학교의 지역사회교육전문가에게 와서 아이와 '놀아 주는 선생님'이 누구냐고 묻더랍니다. 일기에 온통 '놀아 주는 선생님'과 '놀았던' 이야기밖에 없다고 말입니다.

나이가 많은 적십자봉사자 멘토들이나 나이가 어린 대학생 · 직장인 멘토들이나, 멘티에게 어떻게 다가가고 아이의 행동을 어떻게 해석해야 하는지, 자신이 정말 잘하고 있는지, 불안해하고 고민하고 걱정합니다. 멘티들이 한 번 슬쩍 웃어 주기라도 하면 일주일 내내 근심했던 것들이 한꺼번에 사라지다가 갑자기 멘티가 화를 내기라도 하면 자책감에 안절부절못합니다. 모두가 이제 시작이기 때문에 겪는 일이겠지요.

한 번도 제대로 관심을 받아 보지 못했던 아이들은 자신을 주인공으로 만들어 주는 사람들을 만나 어떤 때에는 오래된 분노를 표현하고, 어떤 때에는 어리광을 부리며, 또 어느 때에는 한없이 무례하게 굴기도 합니다. 사실 많은 수의 멘티들이 과잉행동(거친 언어, 반항, 주먹질 등)과 주의력 결핍을 보여 쉽게 다가가기란 쉽지 않습니다. 만나기로 한 약속을 지키지 않아 어렵게 잡아 놓은 시간을 허비하는 경우도 있습니다. 약속의 중요성을 모르기 때문이지요.

하지만 멘토들의 걱정과 고민을 들으면 왠지 희망을 갖게 됩니다. 그렇게 걱정하고 고민하고 실천하다 보면 멘토와 멘티는 서로 없어서는 안 될 사람이 되어 있겠지요. 그런 관심과 사랑을 한번이라도 받아 본 아이들은 세상에서 말하는 뛰어난 사람은 못된다고 하더라도, 나누고 사랑하며 행복하게 살아가는 어른이 될 것이라고 믿기 때문입니다.

_ 중등교육, 2005년 10월호

2. 희망세상 만들기

_남 상 덕

다시 지역에서 희망을

2005년 초, 주민연대에서 활동 중이던 후배가 내가 일하고 있던 국가인권위원회로 찾아왔다. 그 동안 지역을 떠나 밖에서 활동을 하고 있어 왠지 미안한 마음도 없지 않았다. 지역단체보다는 중앙 단체나 국가기관이 모든 조건에서 더 좋기 때문에 지역에서 고생하는 후배들에게는 그런 마음이 든다. 찾아온 후배는 다시 지역에서 일정한 역할을 맡아 달라 요구했다. 관악지역 사정이 여의치 않다며 부탁하는데 거절하기가 쉽지 않았다. 힘들 때는 손 하나 더 얹는 게 얼마나 도움이 되는지 그 동안 살아오면서 많이 느꼈기 때문이다.

관악주민연대 운영위원을 맡기로 했다. 그러나 무엇을 할 수 있을까? 어떤 도움이 될까? 걱정도 많았지만 일단 회의참석이라도 열심히 하고 후배들에게 맛있는 밥 한 끼라도 사자라는 소박한 마음으로 다시 지역활동을 시작했다. 대학원에서 시민사회론을 공부하면서 '사고는 지구적! 실천은 지역적으로!' 라는 슬로건에 대해서 많은 공감을 하고 있던 터였다. 국가인권위원회와 국방부에 근무하면서 3년간 관악주민연대의 운영위원을 했다. 그럼에도 그 동안의 공백은 매우 컸고 지역현실과 상황을 이해하는 데는 보다 많은 시간이 필요했다.

2005년부터 '군이 임무나 작전수행과정에서 일어난 피해나 사건 사고의 의혹을 해소하기 위한' 국방부 군과거사진상규명위원회에서 일하게 되었다. 그리고 2007년 국방부 군과거사진상규명위원회 활동이 종료되었다. 공직활동을 마쳤으니 이제 대표를 맡아달라고 했다. 진실화해위원회나 군의문사위원회로 옮겨갈까 고민하고 있는데 주민연대 대표를 맡으라는 것이다. 개인적으로 먹고사는 문제도 고민되지만 10년 만에 정권이 바뀌고 변화된 현실에 단체가 적응하는데 머리를 맞대는 것도 필요하다는 생각이 들었다. 그래서 총회에서 대표에 선출되었고 대표를 맡았다.

대표가 되고 나서 정말 열심히 역할을 하고 싶었다. 대표가 모범이 되어 실무자들과 회원들이 함께 노력하고 재밌게 일하는 단체로 발전하도록 하고 싶었다. 그래서 매일 출근하면서 상임을 자처했다. 그러나 이것도 쉬운 것은 아니었다. 적극적이고 너무도 바쁜 대표의 행보에 사무국 성원들이 적응하기 힘들어했다. 그러나 이름만 걸쳐놓는 대표보다는 실제 업무를 책임지는 대표가 되기 위해 노력했다.

정부가 바뀌더니 인권과 민주주의가 후퇴 일로를 걷기 시작했다. 촛불을 든 민심은 시청과 광화문에서 청와대를 향해 소리쳤지만 정부는 꿈쩍도 하지 않았다. 전직 대통령이 스스로 목숨을 끊을 수밖에 없었던 상황도 벌어졌다. 정권이 넘어가도록 실정을 거듭했던 세력들은 아직 반성과 성찰이 부족하다. 처음부터 다시 시작해야 한다. 아래로부터 밑바닥부터 다시 시작해야 한다. 그러려면 지역에서부터 다시 뿌리를 내려야 한다.

올해 관악주민연대 총회에서 다시 대표로 선출돼 벌써 3번째 대표를 맡게 되었다. 오는 6월 지방선거가 실시된다. 성장과 개발의 환상에 빠져있는 이명박정부와 한나라당이 이번 지방선거마저 승리한다면 4대강사업, 공기업민영화, 의료보험 민영화, 한미FTA, 뉴타운사업 등을 강행하게 될 것이다. 이는 국민 삶의 질을 심각하게 위협할 것이고 빈부격차와 양극화는 더욱 심화될 것이다.

지금 이 순간 아무 것도 하지 않는다면 역사에 죄인이 될 거 같다. 민주주의와 인권의 후퇴를 목도하면서 내가 할 수 있는 가능한 모든 활동을 해야 한다는 중압감에 시달린다. 이번 지방선거에 모든 것을 걸고 역사 속에서 숨 쉬고 싶다.

_ 2010.02.10.

사라아줌마 김혜경 전 관악구의원과의 만남

첫 만남

김혜경 전 민주노동당 대표를 처음 만났던 것은 1985년도 합정동에 있는 마리스타수도회였다. 천주교사회운동협의회(천사협)의 1박 2일 워크샵이었다. 당시 나는 가톨릭대학생연합회를 대표하여 워크샵에 참여하였다. 당시의 김혜경님의 호칭은 '사라아줌마'였다. 사라아줌마는 관악구 난곡에서 60년대 후반부터 도시빈민들과 함께 살면서 활동하는 천주교도시빈민회 임원이었다. 많은 대화와 토론을 나누었지만 가장 기억에 남았던 것은 새벽 5시쯤 되자 집에 가셔야 한다는 것이었다. 눈 좀 붙이고 가라는 주위 만류를 뿌리치고 아이들 도시락을 준비하고 학교에 보내야 한다며 이른 새벽 집으로 가셨다. 밤 새워 토론하고 남들은 다 눈 붙이려는데 새벽에 돌아가 아이들 도시락을 싸야만 한다는 아줌마!

그 후 수차례 천주교의 각종 집회나 행사, 시국미사 등에서 자주 만났다. 당시 천주교에서 활동하는 사람들의 친교는 매우 밀접했다. 집회나 행사에서 만나면 마치 오랫동안 만나지 못했던 보고 싶은 사람들이 그 동안 무사했는지? 잘 살고 있는지?를 물으며 마치 가족처럼 친밀했다. 만나서는 각자가 활동하는 영역 즉 노동, 빈민, 농민, 청년, 학생 등에서 벌어지고 있는 다양한 사건들과 사업들을 공유했다. 사라아줌마는 볼 때마다 인정 많고 후덕한 아줌마! 왠지 기대고 싶은 아줌마의 모습으로 늘 그렇게 우리 곁에 있어 주었다.

1991년 난곡으로 이사

1987년 6월 민주항쟁은 군사독재 시절 사라졌던 지방의회를 부활시켰고 첫 번째 선거가 1991년도에 치러졌다. 당시 나는 전국가톨릭청년단체협의회 정책실장으로 활동하고 있었다. 무엇이 바빴던지는 잘 기억이 나지 않지만 친구와 선후배들이 난곡의 사라아줌마 선거를 도와줄 때 선거운동에 함께 하지는 못했고 간접적으로 소식만 들었다.

지방의회에 입성한 사라아줌마는 구의원 활동 지원과 빈민지역에서 함께 일할 사람을 찾고 있었다. 그런 제안을 접한 나는 빈민지역 활동에 대해 아내와 충분한 고민을 나누고 결단을 내렸다. '마음이 가난한 사람은 행복하다'는 성서말씀을 등에 업고 겁도 없이 난곡지역으로 입주했다. 1991년 지방의회 선거 직후의 일이었다.

난곡주민회관에서의 일들

제일 먼저 해야 될 일은 업무공간을 만드는 것이었다. 지역활동과 의원활동을 동시에 해 나갈 사무실이 필요했다. 지금은 재개발로 아파트가 들어서 없어졌지만 당시 난곡 달동네의 중심부였던 중앙시장 초입에 사무실을 마련하여 '난곡주민회관'으로 간판을 걸었다. 주민회관은 단순한 사무실 보다는 주민모임도 개최하고 아이들 공부방도 할 수 있는 그런 공간이었다. 월 1회 의정활동 보고 및 주민회의, 월례미사, 꿈나무 공부방, 어머니 한글교실 등 많은 프로그램이 주민회관에서 진행되었다.

지금도 잊혀지지 않는 것은 연탄불이다. 당시 나는 난곡 버스종점 뒤에 방을 얻어 살고 있었고 그 집도 연탄불이었는데 주민회관과 집의 연탄을 갈러 왔다 갔다 하면 하루가 금방 지나갔다. 규모가 다르니 연탄가는 시간도 달랐고 일이 바쁘다보면 연탄불 꺼뜨리기가 일쑤였다. 난곡주민회관에는 참으로 많은 사람들이 드나들었고 그리고 많은 사람이 거쳐 갔다. 초등학생들부터 80대 노인들까지 늘 북적댔다. 달동네 빈민지역 현장체험하러 오시는 신부님들, 수녀님들, 신학생들도 많았다. 이때 만났던 많은 분들은 지금까지도 관계가 지속되고 있다. 이해찬 전총리, 손학규 전지사, 제정구 전의원 등의 얼굴을 가까이서 보았던 것도 주민회관에서의 일이었다.

난곡주민회 결성

당시 난곡지역은 사라아줌마가 오랫동안 주말 진료활동을 하면서 꾸려놓은 '난협'이라는 의료생협에 가까운 조직이 있었다. 그리고 낙골교회, 난곡주민도서실, 남부야학, 낙골공부방 등이 있었다. 이 단체들은 오랫동안 함께 지역 일에 대해 고민하고 사업을 공유하였다. 그러나 주민들이 주체가 되어 만든 주민조직은 아니었고 대부분 주민들을 지원하는 센터조직이었다. 그래서 난곡주민회관을 이용하는 분들을 중심으로 주민조직을 만들었다. 월회비도 꼬박꼬박 받았고 이는 주민회관 살림에도 많은 도움이 되었다. 이렇게 준비된 주민조직과 기존의 단체들은 장년회, 여성회, 청년회, 조직팀, 홍보팀 등의 틀을 갖춘 난곡주민회를 결성하였고 나는 이 단체의 사무국장을 맡았다. 당시 난곡주민회에서 만들었던 마을신문 '난곡소식'은 후에 봉천동 주민조직에서 만들던 마을신문들과 힘을 합쳐 '관악주민신문'의 모태가 되었다.

주민노래자랑과 결혼식

1991년 10월 20일! 이 날은 원래 예정된 나의 결혼식 날이었다. 그런데 문제가 발생하였다. 난곡주민회에서 가을맞이 주민노래자랑대회를 열기로 했는데 단체들의 이런저런 사정으로 이날 외에는 행사 일자가 나오지 않는 것이었다. 참으로 곤혹스러웠다. 할 수 없이 양가부모님과 아내를 설득하여 결혼식을 일주일 늦췄다. 지금 생각하면 참으로 어이가 없는 일인 것 같다. 주민노래자랑대회를 성황리에 마치고 10월 27일 서강대 메리홀에서 결혼식을 올렸다. 결혼식을 늦추면서 결혼식 장소를 구하지 못해 힘들어 할 때 도움주시고 결혼식 주례까지 맡아주신 예수회 박문수 신부님의 사랑은 결코 잊을 수 없다. 후에 알게 됐지만 그렇게 뜻하지 않게 미루어 결혼식을 치룬 10월 27일은 60년 만에 한번 온다는 길일이었다.

최초의 관악구의원 보좌관

1991년에 새롭게 출발한 지방의회는 매우 어수선했던 것으로 기억된다. 임명직 구청장과 선출직 구의회의 관계정립, 의회행정, 예·결산 심의 등이 아직 자리가 잡히지 않아 혼선도 많았던 시절이었다. 나는 김혜경의원 보좌관이라는 명함을 들고 다니며 구의회 방청도 하고 구의회 질의안도 함께 만들고 예산안, 결산안을 검토하기도 했다. 의회를 마치면 의원들 식사장소에서 지역신문사 기자들과 함께 한쪽 귀퉁이에서 밥을 먹기도 했다. 의원과 함께 주민들을 만나 요구사항을 듣고, 지역단체들을 만나 지역에서 필요한 사업들을 함께 검토하면서 이를 관악구행정에 반영토록 하여 김혜경의원이 관악구의회 최고의 의원이 될 수 있도록 지원하였다. 지금 돌이켜보아도 참으로 재미있고 많이 배우고 의미 있었던 일이었다.

_ 2010.01.15.

2010년 지방선거의 의미와 과제

노무현 전대통령과 김대중 전대통령은 세상을 떠나면서 마지막으로 세상의 변화를 위해 "깨어있는 시민의 조직화된 힘"과 "행동하지 않는 양심은 악의 편"이라는 가르침을 주셨습니다. 이제 우리가 행동으로 화답할 때입니다.

먼저 우리의 현실을 돌아봅시다

이명박정부가 들어선지 1년 8개월밖에 지나지 않았지만 참으로 많은 변화가 있었던 것 같습니다. 민주주의가 후퇴하고, 사회 안전망도 불안정하고, 빈부격차는 더욱 심화되고 있습니다. 또한 국가재정 적자는 부자감세와 4대강 사업 등으로 눈덩이처럼 불어나 400조원에 달하고 있습니다. 부자감세 100조로 4인가구의 가장인 저는 가만히 앉아서 부채가 천만 원이 늘어나게 된 겁니다. 100조를 4천만 인구로 나누면 한 명당 이백오십만원이 되더군요. 대통령 한 명 바뀐 것뿐인데 저는 이렇게 큰 손해를 보게 된 거지요. 사회안전망을 위한 복지인프라 건설에 쓰여 나중에 혜택을 보는 것도 아닌 사업을 위해서 말입니다.

이러다보니 정말 누군가의 지적대로 소수의 일부를 제외하고는 누구도 자신과 자녀의 현재와 미래에 대해 불안한 마음을 갖지 않을 수 없는 '만인 불안시대' '만인 불안상황'인 것 같습니다.

그럼에도 최근 이명박정부는 '친서민 · 중도실용'을 내세워 국정지지도를 50%대로 끌어올리고 있다고 합니다. 부자 만들어 주고, 잘 살게만 해준다면 악마에게라도 영혼을 팔겠다는 우리 시대 시민들의 슬픈 자화상이 아닌가 싶습니다. 신자유주의적 권위주의 정권하에서 인권과 민주주의는 후퇴하고 있고, 사회양극화는 날로 심화되고 있지만 안타깝게도 진보개혁세력과 시민사회는 아직 국민들에게 이를 극복할 수 있는 비전과 정책을 제시하지 못하고 있습니다. 국민에게 대안세력으로 자리 잡지 못하고 있는 것입니다.

지금 우리는 민주주의의 후퇴에 직면하고 있습니다. 어떻게 쟁취한 민주주의인가를 생각하면 가슴이 터질 지경입니다. 국민의 정부와 참여정부는 민주주의를 민주화하고 제도화하는데 실패한 것 같습니다. 특히 사회경제적 민주화는 거의 진전시키지 못했고, 신자유주의 성장주의에 빠져 재벌과 시장에 과도한 자유와 이익을 주고 말았습니다. 바로 여기에서 민주주의의 위기와 후퇴가 도래한 거 같습니다. 그나마 어렵게 이루어 놓은 노동자와 민중들을 위한 사회안전망과 복지체계는 4대강 사업과 같은 국책사업에 밀려 축소, 재편될 지도 모르는 암울한 상황입니다.

이명박정부가 탄생할 즈음인 2007년 말, 많은 사람들은 이제 민주주의는 돌이킬 수 없는 시대적 추세이므로 걱정할 것이 없다고 주장하기도 했습니다. 그러나 이명박정부는 동원할 수 있는 모든 수단을 동원해 용산철거민같은 사회적 약자에서부터 전직 대통령에 이르기까지 야비하고 잔인하게 숨통을 조였습니다. 그리고 마침내는 전직 대통령을 자살로 몰아갔습니다.

정부와 국회 그리고 지방자치단체와 지방의회를 장악하고 있는 현 집권세력은 이것도 모자라 미디어법 개정을 통해 언론을 장악하려 하고 있습니다. 언론을 잡아 차기 정권을 지금부터 준비하겠다는 선전포고인 셈입니다. 서울시의회 선출직의원 100%, 경기, 인천을 포함하여 총 7개의 광역의회 선출직 100%가 한나라당 의원이라는 황당한 사실을 제대로 아는 사람이 많지 않더군요. 그런데도 시민사회마저 뉴라이트 세력의 파상공세로 보수와 진보의 대립구도로 재편해 가고 있습니다. 게다가 국정원과 기무사, 검찰, 국세청, 경찰 등의 권력기관을 이용하여 비판세력과 국민을 위협하고 있습니다. 만일 내년에 치러질 지방선거마저 현 집권세력이 승리한다면 나라의 미래가 어떻게 될지 걱정이 태산입니다.

2010년 지방선거가 왜 중요한가?

1991년 지방선거가 실시된 이래 5차례의 지방선거가 있었습니다. 이들 선거 중 1995년 지방선거와 2006년 지방선거는 집권세력에 대한 중간평가 의미를 갖는 선거였습니다. 1995년의 선거는 문민정부에 대한 중간평가였습니다. 그리고 2006년 치러진 선거는 참여정부에 대한 사실상의 중간평가였습니다. 두 선거 모두 지방선거에서 승리한 세력이 다음에 치러진 대선에서 승리했습니다. 이번 2010지방선거는 이명박정권 임기 중반에 치러지는 선거로 중간평가입니다. 이 선거의 결과에 따라 우리 사회 민주주의의 향후 진로가 달라질 수 있습니다. 그리고 2012년 총선과 대선의 성패에도 큰 영향을 주게 됩니다.

왜 이명박정권을 심판해야 하는가?

첫째, 반민주 권위주의 정권이기 때문입니다.

둘째, 반서민, 반노동 정권이기 때문입니다.

셋째, 반생태 반생명정권이기 때문입니다.

넷째, 반통일, 반인도정권이기 때문입니다. 자세한 설명은 생략해도 될 것입니다.

지금 우리가 해야 할 일은 이명박정권을 국민의 심판대에 올려야 합니다. 그러므로 내년 지방선거를 민주주의세력과 권위주의세력의 한판 승부로 만들어야 합니다. 내년 지방선거에서 진보개혁세력은 민주주의를 옹호하고, 국민들이 주권자로 나서게 하고, 민주주의 교육의 장을 펼쳐가야 합니다. 또한 정보기관을 앞세워 민간인을 사찰하고 공안통치를 일삼는 권위주의 정권인 현 집권세력을 준엄하게 심판하는 계기로 만들어야 합니다. 빚더미 재정적자를 남발하며 4대강 죽이기에 혈안이 되어 후손들에게 경제적 고통과 환경적 재앙을 떠넘길 이명박정권을 선거에서 반드시 심판해야 합니다.

2010 지방선거와 관악지역

1991년 지방선거가 실시된 이래, 관악주민연대와 지역단체들은 후보전술로 선거에 참여하기도 했고, 후보자정책토론회, 매니페스토(공약운동), 선거참여 캠페인 등 다양한 활동을 하였습니다. 91년 선거, 95년 선거, 98년 선거에는 후보전술로 주민후보를 내세워 50% 이상이 당선되는 성과를 내기도 했습니다. 정당공천제가 실시된 2002년 선거에서도 지역단체들을 중심으로 '관악구지방자치연대'를 결성하여 '관악구 유권자 613위원회' 활동을 펼쳐 2명의 후보자가 당선되기도 했습니다. 또한 2006년 선거에서는 '531지방선거 관악네트워크'를 만들고 정책제안 활동을 통해 유권자의 권리를 지키기 위한 활동을 하였습니다.

그러나 2006년 지방선거는 한나라당의 압승으로 끝났습니다. 한나라당의 참여정부 심판론이 국민의 지지를 받은 결과입니다. 관악지역의 2006년 지방선거 결과 역시 한나라당 구청장과 한나라당 다수의석의 결과가 나왔습니다. 다만 다른 지역과 달리 한나라당 싹쓸이는 아니었습니다. 구의회 총 22석 중 13석만 한나라당에 내주었다는데 나름의 의미를 찾을 수 있을 것입니다. 그러나 2006년 지방선거가 한나라당의 승리로 끝나며 지역자치와 주민참여는 후퇴하였습니다. 민관협력(거버넌스)도 후퇴하였습니다. 그 결과 구청장 및 공무원들의 뇌물수수와 인사비리, 매관매직 사건이 발생하여 구청장이 쫓겨나는 수치를 당하기도 했습니다. 구의회도 거수기 역할로 전락하여 주민들의 분노와 냉소만 늘었을 뿐입니다.

이런 속에서 지역단체들과 정당들이 함께 대응한 광우병쇠고기로 촉발된 촛불시위, 서울시교육감선거, 관악구 인사비리 공동대책위 활동 등은 지역주민들의 지지를 받으며 상당한 성과를 내기도 하였습니다. 광우병쇠고기에 대한 구의회의 선언문 채택과 다시 선언문 뒤집기, 특히 부패구청장의 뇌물수수와 공무원 승진 인사비리는 관악구민들의 분노를 자아냈습니다. 이런 활동 속에서 지역단체들과 정당들은 연대와 협력이 강화되었으며 이런 성과는 향후 지방선거에서도 큰 자산이 될 것입니다.

2010 지방선거! 무엇을 목표로 할 것인가?

그러나 내년 선거에 어떻게 대응할 지에 대한 논의가 지역단체들에서 아직은 부족해 보입니다. 진보개혁정당들과의 연대도 쉽지 않아 보입니다. 야당후보들의 난립 속에서 여당후보의 어부지리 상황이 펼쳐질 개연성도 많아 보입니다. 이런 사태를 시급히

개선하기 위해 지금 나서야 합니다. 깨어있는 시민들의 조직화와 연대가 필요합니다.

2010 지방선거는 무엇보다 이명박정권에 대한 국민적 심판과 민주개혁세력의 승리로 목표를 정해야 할 것입니다. 민주개혁세력이 힘을 합치지 못한다면 이러한 목표를 달성하기는 쉽지 않습니다. 내년 지방선거에서 이명박정권을 심판하고 패배시키지 못한다면 저들은 국민의 지지를 빌미로 반민중적인 신자유주의 정책들을 쏟아낼 것입니다. 민영화, 탈규제, 노동유연성, 부자감세, 국가의 복지영역 축소 등과 관련된 것들입니다. 또한 4대강 죽이기에 적극 나설 것입니다. 부자감세로 재정적자는 더더욱 심화되어 중산층은 붕괴되고 국가채무는 불어나 국민의 세금부담과 빚은 더욱 늘어갈 것입니다. 각종 반민주적 악법의 제정에 국회를 활용할 것입니다. 게다가 절차적 민주주의, 정치적 민주주의와 자유권적 기본권마저 심각하게 후퇴할 것입니다. 공안기관들의 사찰을 더욱 강화하여 공안통치로 국민을 위협할 것입니다.

저는 다음과 같은 질문으로부터 출발하여 우리의 실천과제를 구체화시킬 필요가 있다고 생각합니다.

첫째, 촛불과 전직 대통령 서거정국에서 표출된 참여민주주의에 대한 민심을 어떻게 발전시킬 것인가 입니다. 촛불과 서거정국에서 국민들은 주권자로서 우뚝 서고자 했습니다. 더 이상 대의민주주의 한계에 머물지 않고 직접 정치적 의사를 표시하고자 했습니다. 지방선거에서도 국민이 주체로 나서도록 해야 합니다.

둘째, 구청장의 뇌물수뢰와 공무원 인사비리에 대해 분노했던 민심을 어떻게 발전적으로 표출시킬 것인가 입니다. 이미 한나라당 구청장과 한나라당 다수의회가 어떻게 지역민주주의를 후퇴시켰는지 주민들은 경험했습니다. 부패한 세력이 어떻게 주민참여를 가로막고 지역자치를 훼손하는지 똑똑히 보았습니다.

셋째, 지방선거의 장을 관악주민의 정치참여 및 정치교육의 장으로 어떻게 확대할 것인가 입니다. 지방선거의 주인은 지역주민들입니다. 지방의 권력은 지역주민들에게 나온다는 사실을 분명히 해야 합니다. 주민들과의 만남을 확대해야 합니다. 주민들을 토론주체로 내세워야 합니다. 주민들의 자유로운 의사표현과 스스로의 조직화를 지원해야 합니다. 이 과정에서 지역의 문제, 지역주민의 바램, 바람직한 지역공동체의 상을 만들어가야 합니다.

어떻게 목표를 실현할 것인가?

우리지역에서 위에서 제기한 과제와 목표를 달성하고 집권여당을 패퇴시킬 만한 힘을 관악주민연대와 지역단체들은 스스로 갖고 있지는 못합니다. 그래서 연대가 필요합니다. 지역시민단체들의 연대와 협력입니다. 시민사회 연대의 힘을 바탕으로 정당들과의 연대를 모색해야 합니다. 당리당략이 아닌 이명박정권 심판과 진보개혁세력의 승리를 위해 선거에 임하는 연대를 만들어야 합니다.

이를 위해 저는 다음과 같은 제안을 하고자 합니다.

첫째, 진보개혁세력의 지방선거 공동대응단위로 '관악지방자치개혁연대(가칭)'의 구성하자는 겁니다. 2002년의 '관악구지방자치연대', 2006년의 '531지방선거 관악네트워크'와 같은 연대체입니다. 이를 위해 오늘 토론회를 마치고 연대체 구성을 위한 준비단위를 꾸리고 각 단체의 활동가와 임원 및 회원들이 함께하는 워크샵을 10월말에 개최하였으면 합니다. 워크샵 전까지 단체들은 지방선거에 대한 단체의 입장을 정하고 워크샵에서 내년 지방선거에 대한 관악지역단체들의 입장을 정리해 보자는 것입니다. 그래서 워크샵에서는 공동대책위 구성의 과제까지 마무리했으면 합니다.

둘째, 지역주민을 지방선거의 주체로 세우기 위한 노력의 일환으로 '602유권자위원회(가칭)' 구성을 제안합니다. 602유권자위원회를 2010지방선거와 지방선거 이후에도 주민참여와 지역자치를 실현해가는 구심체로 만들어 나가야 합니다. 그 동안 참여예산네트워크, 의회방청과 의정감시, 지방의원 정책공약 평가, 민관협력 위원회 참여 등 다양한 활동이 있었지만 지역주민들과의 결합은 부족했습니다. 602유권자위원회를 구성하여 지방자치에 대한 지역주민들의 지속적인 관심과 참여를 끌어내야 합니다. 지방자치개혁연대 내에 602유권자위원회를 두어 개인 멤버십으로도 회원을 받고 이들을 중심으로 602유권자위원회를 꾸리기를 제안합니다.

셋째, 민주개혁세력의 연합으로 주민후보 또는 후보단일화 전술로 지방선거에서 승리하자는 것입니다. 구의원선거, 시의원선거, 구청장 선거에서 교육위원 선거까지 고려해야할 변수는 많이 있을 것입니다. 그러나 분명한 것은 진보개혁세력의 분열로는 절대 선거에서 승리할 수 없다는 것입니다. '관악지방자치개혁연대'에 진보정당들도 함께 참여하여 지역차원에서 공동대응을 해야 한다고 봅니다. 그리고 합쳐진 힘을 바탕으로 민주당도 견인해내어 압도적인 승리를 쟁취해야 합니다.

넷째, 선거과정이 주민들의 정치참여와 민주주의 교육공간이 되어야 합니다. 그리고 이명박정권의 성격과 본질이 명확히 폭로되는 과정이 되어야 합니다. 주민들이 참여하는 속에서 민주주의 훈련과 민주주의 교육을 체험하고 이명박정권의 본질을 꿰뚫어가야 합니다. 미디어법 통과 이후 심화된 언론공세로 주민들이 혼란해 하고 있습니다. 강부자정권, 고소영정권, 반서민정권, 친자본정권이 화장 좀 한다고 친서민, 중도실용정권이 될 수 없는 이유에 대해 명확히 폭로해야 합니다.

마지막으로 최근 신문을 보면서 인상 깊었던 구절을 옮겨보겠습니다.

> 시민의 참여가 중요한 까닭은 바로 여기에 있습니다. 소수의 찬탈자들이 저들의 사사로운 이익을 도모하기 위해 국가기구를 도구화하지 못하도록 하기 위해서는 시민들이 국가의 운영에 적극적으로 참여하는 것 외에는 다른 방법이 없습니다. … 시민들이 국가를 남의 손에 내버려두면 그것은 예외 없이 시민을 노예적으로 억압하고 착취하는 폭력기구로 전락하게 마련입니다. 그러므로 아리스토텔레스가 말했듯이 시민의 자유는 오로지 적극적으로 국가 권력에 참여하는 데 있는 것입니다.
>
> _ 경향신문에 연재되었던 '민주공화국 논의' 에서 발췌

_ 관악지역시민사회단체 지방선거 토론회 기조발제문, 2009.10.

너무도 반가운 광우병 보도 PD수첩 무죄판결

'광우병 보도' PD수첩에 무죄판결이 내려졌습니다. 너무도 반가운 소식입니다. 이로써 정권에 비판적인 언론보도에 재갈을 물리려는 권력의 기도는 무산되었습니다. 재판부는 일부 내용이 사실과 다소 어긋나더라도 국가 정책에 대해 합리적인 비판을 했다는 점을 인정한 것이라고 합니다. 그렇습니다. 합리적인 비판은 표현의 자유와 언론의 자유의 핵심입니다. 그런데 일부 내용을 문제 삼아 합리적인 비판마저 재갈을 물리려한다면 더 이상 민주주의 사회가 아닐 것입니다.

검찰은 제작진이 미국산 쇠고기의 광우병 위험성을 실제보다 부풀려 보도했고 이 때문에 정운천 전 장관 등에 대한 사회적 평가를 떨어뜨리거나 쇠고기 수입업자의 영업에 지장을 초래했다고 보고 이들에게 명예훼손과 업무방해 혐의를 적용해 기소했습니다. 하지만, 당시 광우병 발병 우려를 두고 미국 내에서 취해진 조치나 광우병에 대한 학계 및 전문가의 의견 등을 종합해 보면 보도 내용이 대부분 사실이거나 일부 사실을 과장한 측면이 있을지언정 허위로 볼 수 없다는 게 재판부의 판단이라고 합니다.

또한 재판부는 이와 관련해 “허위라는 인식이 있었다는 점이 입증돼야 하고 보도의 취지를 살펴볼 때 주요 부분이 사실과 일치한다면 세부 사항이 사실과 다르거나 과장됐다는 이유만으로 허위로 볼 수 없다는 것이 대법원 판례”라고 했습니다.

이번 판결은 국가의 중요 정책에 대한 비판 보도는 언론의 사회적 책무이며 권리로 인정되는 것이라는 점을 분명히 재확인한 커다란 상식의 승리입니다.

이 정부가 권위주의로 회귀하고 있는 시점에 나온 이번 판결은 국민의 승리이며 표현의 자유, 언론의 자유의 승리라고 할 수 있습니다. PD수첩 제작진의 용기에 다시 한 번 감사드리고 싶습니다.

_ 2010.01.20.

아이티 지진 너무 마음이 아픕니다

인구 천만 명도 안 되는 작은 나라! 아이티에서 발생한 지진으로 20만 명 정도가 사망했다고 합니다. 자연의 재앙이 얼마나 무서운지 다시금 느껴집니다.

아이티의 폴 안투안느 비엥-애메 내무장관은 15일 "모두 10만 명에서 20만 명이 사망한 것으로 추정하고 있다"고 밝혔습니다.

이런 끔찍한 사건을 대하면서 자연재앙의 가공할 위력을 통감합니다. 그리고 지진이야 인간이 어쩔 수 없다 하더라도 인간의 탐욕으로 초래된 자연재해의 공포에 다시금 눈 뜨게 됩니다. 이런 대참사를 보면서도 기후변화협약이 얼마나 중요한 일인지 각국의 정치지도자들이 깨닫지 못한다면 또 다른 자연재앙은 반복될 것입니다. 지구온난화에 대응하여 지속가능한 지구를 만들기 위한 노력은 이미 한 국가의 차원을 넘어서는 문제입니다. 지금 당장 필요한 것은 아이티에 지원의 손길을 내미는 것입니다. 숨져가는 생명을 살려내는 일이 무엇보다 필요합니다. 그리고 이런 자연재해가 반복되지 않도록 전 세계가 힘을 합쳐 노력하는 일입니다.

_ 2010.01.16.

2009년을 보내며

세밑이다. 어느덧 2009년이 저물어 가고 있다. 날씨도 차가와지고 있다. 노숙자와 철거민들이 추운 겨울 잘 이겨냈으면 좋겠다.

올 한해는 다른 해와는 달리 죽음의 문제가 사회적 관심사로 떠올랐던 해였던 것 같다. 올해가 시작되던 1월 20일, 용산구 한강로 2가에 위치한 건물 옥상에서 용산참사가 발생하여 용산세입자 5명과 경찰특공대 1명의 생명을 앗아갔다. 1년이 가까워지고 있는데 아직도 장례조차 치르지 못하고 용산현장을 지키며 오열하고 있는 유족들을 생각하면 참으로 마음이 먹먹하다.

용산참사가 발생한지 한 달도 못된 2월 16일 김수환추기경께서 선종하셨다. 5월 23일 노무현 전대통령께서 서거하셨고, 8월 18일 김대중 전대통령께서도 서거하셨다. 추기경과 두 전직대통령님의 죽음과 그 죽음들을 추모하고 기억하기 위한 장엄한 애도행렬은 많은 사람들에게 죽음에 대해 깊이 생각할 수 있는 계기가 되었을 것으로 보인다.

김대중 전대통령 서거시 인터넷에 올라왔던 글에 상당히 공감했던 적이 있다. 소위 죽음을 중심으로 한 30년 역사주기론이었다. 간단히 요약하면, 1919년 고종황제가 승하하셨고 절대왕정이 우리나라의 역사에서 사라졌다. 1949년 김구, 여운형, 송진우선생이 죽음을 맞았다. 이분들의 죽음과 함께 민족독립이라는 역사적 과제가 일단락되었다. 1979년 박정희 전대통령이 자신의 심복인 당시 중앙정보부장의 총탄에 의해 죽음을 맞았다. 근대화와 산업화의 과제가 일단락되었다. 2009년 김수환추기경, 노무현, 김대중 전직대통령이 서거하셨다. 민주화와 인권의 과제도 이제는 어느 정도 마무리 되었다는 것이다.

향후 30년의 역사적 과제는 이제 살아남은 사람들의 몫이다. 인권과 민주주의가 후퇴하고 있고, 일제로부터 독립 후 민족통일의 과업을 아직도 달성하지 못했지만, 아마 이런 과제들이 우리역사에서 향후 30년간의 핵심과제는 아닐 듯싶다. 기후변화에 대한 올바른 대응을 통해 지구 살리기, 전쟁과 종교분쟁을 둘러싼 문제로부터 평화를 지켜내기, 물질주의적 삶에서 생태적 삶으로 전환하는 새로운 삶을 살아가기 등이 더욱 중요한 과제들로 부각될 것 같다.

2009년이 죽음이 주요 화두였다면 2010년은 부활이 주요 화두가 되는 해가 될 것으로 믿고 싶다. 지구생명의 부활, 생태와 환경의 부활, 통일과 평화의 부활, 용산열사들의 억울한 죽음의 부활, 민주주의와 인권의 부활, 앞이 막막한 서민들 삶의 부활, 언론과 표현의 자유의 부활 등등….

내년이 부활하는 해가 되기 위해서는 올해가 가기 전에 꼭 해야만 할 마지막 과제가 있는 것 같다. 이명박 대통령이 부자들만의 대통령이 아닌 국민의 대통령, 토건세력의 이해에만 매달리지 않고 대다수 서민을 위한 대통령, 구태의 정보정치, 폭압정치로부터 민주주의와 인권을 수호하고 국민과 소통하는 대통령 본연의 자리로 돌아오도록 기도하고 싶다.

죽음의 한 해를 보내며 국민을 섬기고 국민의 목소리에 귀 기울이는 대통령과 함께 내년을 부활의 해로 만들어 가고 싶은 꿈을 꾼다.

_ 관악주민연대, 2009년 12월호 소식지

두 분을 보내며 우리는 무엇을 해야 할까

무슨 약속이나 한 듯이 노무현, 김대중 두 전직대통령이 앞서거니 뒤서거니 하면서 세상의 무대에서 사라졌습니다. 그러면서 또 한시대가 저물었다는 느낌입니다. 그러나 그 분들을 보내며 우리 사회는 무엇을 기억할 것이며, 무엇을 계승할 것인가에 대한 성찰은 부족한 것 같습니다. 누군가는 "이제 영웅의 시대는 갔다. 백마 타고 오는 초인을 기다리던 시대는 갔다"며 새 시대를 이끌어갈 새로운 전망과 그 전망에 바탕을 둔 새로운 싸움을 준비해야 한다고 합니다. 참으로 공감이 갑니다. 그러나 새로운 전망은 그분들과 함께 민주주의와 인권, 남북화해를 위해 사선에서 온몸을 던지며 싸웠던 분들에 대한 기억과 계승 그리고 성찰에 기반 해야 할 것입니다. 그래야 역사의 물줄기가 거침없이 거꾸로 되돌아가는 지금 현실도 바로잡을 수 있을 것 같습니다.

지난 대선과 총선에서 다수의 국민들은 이명박 후보와 한나라당에게 보다 많은 지지를 보냈습니다. 왜 이런 결과가 나왔는지에 대해 여러 가지 분석과 진단이 있지만 그 결과에 공감하기는 왠지 석연치 않은 것도 사실입니다. 저는 누군가가 말한 "국민들이 더 행복하기 위해서 그런 선택을 했다"는 주장에 동의하고 싶습니다. 결국 '욕망'의 문제라는 생각입니다. 더 많이 가지고 싶은 욕망! 그러면 더 행복해질 수 있을 것이라는 생각! 바로 이것이 본질이 아니었나 생각합니다.

그러나 서구 선진 국가들에서 200여년이 걸린 민주화와 경제성장을 50년 만에 이루어낸 한국현대사의 기적에도 불구하고 진짜 행복에 대한 진지한 성찰 없이 욕망들만이 아직도 꿈틀거리고 있습니다. 이는 부동산투기, 사교육 광풍, 묻지마 주식투자, 대책 없는 재개발과 뉴타운의 욕망의 끝은 결국 환경과 생태의 파괴로 현실화되고 있습니다. 돈이라는 맘몬이 세상을 지배해 가고 있습니다. 돈만 벌수 있다면 정의고 양심이고 공동체고 생명이고 모두 뒷전이 됩니다. 마음속 지속가능하지 않는 욕망과의 싸움이라는 또 다른 전선이 우리 앞에 존재하고 있는 것입니다. 소위 진보와 개혁을 주장하는 사람들 안에서도 욕망은 꿈틀대고 있으며 이를 해결하기 위한 진지한 성찰은 부족해 보입니다.

80:20의 사회를 벗어나 90:10의 사회로 치닫고 있는 현실에서도 노동자, 농민, 영세서민들은 자기를 대변하는 사회세력에게 투표를 하지 않고 있습니다. 왜 이런 현실이 전개되고 있는 걸까? 이 지점에 진보개혁세력은 천착해야 합니다. 국민에게 책임을 돌리기에는 너무도 무책임할 수 있습니다. 왜냐면 자업자득일수 있기 때문입니다. 국민은 믿음과 희망을 원합니다. 허상에 끌려 다니며 부자들 따라 하기에 지쳐가고 있지만, 진정한 행복과 삶의 의미에 대해 함께 머리를 맞대줄 정치세력과 시민단체 그리고 사람들을 찾기 어렵습니다. 진보개혁세력의 진지한 성찰과 변화가 있어야 국민들이 화답할 것입니다.

내년 지방선거에서도 지난 대선이나 총선과 같은 결과가 나오지 않을 거라고 확신하기는 어려운 현실입니다. 두 분의 전직 대통령은 '깨어있는 시민의 조직된 힘', '행동하는 양심'이라는 중요한 가르침을 주셨습니다. 깨어 있는 시민들이 양심이 명령하는 대로 불의에 저항하면서 국민을 존경하고 사랑하는 삶을 살아가는 것이 올바른 대안이 아닐까 생각해 봅니다.

_ 관악주민연대, 2009년 09월호 소식지

노무현 전 대통령 서거소식을 접하고

토요일 오전 텔레비전을 보다가 갑자기 나온 속보를 보고 많이 놀랐습니다. 3시간 정도가 지난 지금 공식브리핑을 듣고 나서도 역시 마음이 진정되지 않습니다. 너무도 놀랍고 너무도 당혹스러웠습니다. 평범한 시민도 아닌 전직 대통령이 스스로 목숨을 끊는다는 것은 상상조차 하기 힘든 일이었습니다. 무엇이 잘못됐기에 그럴 수밖에 없었는지 참으로 안타깝습니다. 청와대와 여당 야당 그리고 단체들에서 노전대통령 서거에 대한 애도의 표현이 나오고 있습니다.

저의 짧은 소견으로는 역시 검찰과 언론을 앞세워 인간의 내면까지 후벼놓은 현 정권의 책임이라고 생각합니다. 노전대통령을 압박하기 위해 친형님으로도 부족해서 부인과 아들과 딸까지 몰아붙이고 공개적으로 망신 주는데 거기서 누가 스스로의 자존을 지킬 수 있을까요?

그러면서 저는 그 동안 노전대통령에 대한 입장이 어떠했던가? 스스로 생각해 봤습니다. 정치를 망쳐서 한나라당에게 정권을 넘겨줬다는 원칙론자들의 입장에 동조하면서, 자신도 지키지 못하는 높은 도덕성을 앞세워 노전대통령을 재단하고 평가하지 않았나 하는 반성이 들었습니다.

저는 노전대통령이 정치가로서 나쁜 사람이었다고는 생각하지 않습니다. 정치개혁과 권위주의 타파 등 민주주의와 인권신장에 많은 기여를 했다고 생각합니다. 역대 대통령 중에서 그만큼 사리사욕 없이 대통령직을 수행한 사람은 없다고 생각합니다. 다만 그에게만 높은 도덕적 잣대를 들이대며 더 나쁜 놈들에게 쏟아 부어야 할 비난을 퍼부은 우리 사회 모두의 책임이 이번 죽음에 함축되어 있다고 생각합니다.

변호사 자격증 하나 빼면 내세울 학연도 혈연도 지연도 없는 자연인이 대통령이라는 자리에 올라서 얼마나 많은 심적 고통을 겪었을 것인가? 라는 생각도 듭니다. 그나마 조심한다고 했지만 전직 대통령들에게는 문제도 되지 않을 금액에 대해 법적, 도덕적 잣대를 들이대며 공격해대고 검찰을 앞세워 인간이하로 몰아가는 상황에 얼마나 고통스러웠을까 하는 마음도 듭니다.

노전대통령의 서거에 진심으로 애도를 표합니다.

_ 2009.05.23.

다시 5월입니다

노동절을 전후하여 240명의 시민들이 경찰에 연행되었다. 햇수로 30년 전의 5 · 18의 아픈 기억이 되살아나는 것은 나만의 특별한 느낌이 아닐 것이다. 그러나 요즘 소위 권력기관이라는 검찰과 경찰의 모습을 보면 그때와 무엇이 바뀌었는지 잘 모르겠다.

더구나 국회조차 국민의 기본권과 인권에 반하는 각종 법안들이 무더기로 제출되는 현실은 우리의 역사가 어디로 가고 있는지 정말 걱정스럽다. 휴대폰 감청이 왜 필요한지, 집회 및 시위의 자유가 왜 제한되어야 하는지 잘 모르겠다. 국민에게 공포감을 조성하고 표현의 자유를 제한하고 공권력에 대해 두려움을 느끼게 해서 이득을 보는 사람들이 과연 누구일까? 대체 우리 사회가 무엇이 잘못되었기에 인권과 국민의 기본권이 거꾸로 후퇴하고 있을까?

혹자는 최근의 대규모 연행 등 반인권적 흐름을 촛불 1주년을 맞이하는 이 정권의 촛불 트라우마라고까지 표현한다. 촛불집회가 이 정권에게 큰 충격과 상처를 준 것은 맞는 것 같다. 그렇지 않다면 최근 일련의 사건들에 대해 정말 이해하기 어렵다. 경기도

교육감 선거에서 그리고 4월 말의 재보선에서 현 집권세력은 국민들에게 외면당했고 패배했다. 그런데도 화난 민심을 달래기보다는 도리어 성을 내고 있는 꼴이다.

하지만 이명박정부에게만 화살을 겨누기에는 무언가 뒷맛이 남는다. 과연 우리는 인권과 기본권을 지켜내기 위해 무엇을 하고 있는가? 대한민국은 민주공화국이고 대한민국의 모든 권력은 국민에게 나온다는 헌법 제1조의 정신은 우리 삶에서 어떻게 발현되고 있는지 다시금 돌이켜 보아야 할 것 같다. 30년 전의 5월처럼 국민이 정신 차리고 불의를 용납하지 않고 잘못된 권력행사에 맞서 저항한다면 아무리 오만불손한 정권이라도 국민에 반하는 일은 행할 수 없을 것이다.

그러기 위해서는 우리의 현실을 냉정히 되짚어 볼 필요가 있다. 심각한 경제위기 하에서 나만 안전하다면 내 가정만 지킬 수 있다면 하면서 스스로 안주하고 있지는 않은지 모를 일이다. 무엇보다 용산참사의 현실은 지금 우리 사회가 어디로 가고 있는지 잘 보여주고 있다. 6명의 고귀한 생명이 희생당했지만 대다수의 사람들은 용산참사를 외면하고 있고 유족들은 장례조차 치르지 못하고 길바닥에서 저항하고 있다. 내 가족의, 내 친지의 문제가 아니기 때문일까? 아니면 날을 바짝 세운 공권력이 두렵기 때문일까? 그도 아니면 더욱 중요한 세상살이의 문제가 너무나 많기 때문일까?

다시 5월을 맞이하며 국민의 한사람으로서 책임과 권리를 돌아보아야겠다. 그래야 5 · 18영령들과 용산참사 희생자들 앞에 부끄럽지 않은 삶을 살아갈 수 있을 것 같다.

_ 관악주민연대, 2009년 5월호 소식지

관악구청장의 인사비리와 뇌물수뢰는 지방자치의 현주소인가?

지난 11월 19일, 감사원은 관악구청장의 공무원 승진대가 금품수수 등을 적발하여 검찰에 수사를 요청하였다고 발표하였다. 그리고 이 사실은 9시 뉴스 등 언론을 통해 국민들에게 알려지게 되었다. 관악지역의 정당 및 시민단체들은 11월 20일 기자회견을 통해 감사원에서 적발한 불법과 인사비리만으로도 구청장은 사퇴해야 한다고 입장을 밝혔고 이 내용도 뉴스를 통해 보도되었다.

그러나 관악구청장은 뉴스보도가 나간 직후 구청 홈페이지의 팝업공지를 통해 자신은 감사원 조사결과와는 달리 '공무원의 승진 대가로 뇌물을 수뢰한 바 없으며 인사전횡 문제는 신뢰할 수 있는 사람에게 인사를 맡겨야 한다고 생각하다 보니 다른 구청에 근무하고 있던 고등학교 동창을 총무과장으로 영입하고, 당숙이라고 부르는 사람을 조사계장에 앉히면서 발생한 문제'였다고 해명을 하였다. 그러면서 검찰조사에 당당히 임하겠다고 하였다.

뉴스보도가 구청장에게 초점이 맞춰지면서 수뢰와 직권남용에 대한 검찰 수사요청이 주요내용으로 보도되었지만 사건의 내용을 들여다보면 더욱 놀라지 않을 수 없다. 감사원이 발표한 내용에는

"조사계장은 승진자에게 금품을 요구하여 승진대상자 2명에게 1,500만원의 금품을 수수하였고, 총무과장 등 인사담당 직원들에게 특정인을 승진 또는 탈락시키거나 본인의 근평 서열을 상향조작토록 부당한 압력을 행사한 혐의가 있다. 총무과장 등 총무과(인사계) 직원들 4명은 조사계장의 압력과 지시에 따라 특정직원의 근평, 승진서열 등을 조작한 외에도 자신들의 근평 서열을 임의로 상향 조정하거나 개인적인 부탁을 받고 특정직원의 서열명부 순위를 조작한 혐의가 있다"며 공문서 변조와 허위 공문서 작성 등 공무원의 인사를 담당하고 있는 담당자들이 해서는 안 될 일들이 버젓이 자행되고 있었던 것이다. 그럼에도 총무과장과 조사계장의 대기발령 외에는 아무런 인사조치가 취해지지 않고 있으며 인사비리에 동조하고 승진대가로 뇌물을 준 공무원들은 지금도 업무를 계속하고 있다.

감사원의 조사결과에 대해 자신의 무고함을 항변하는 구청장이나 인사비리에 조직적으로 개입한 인사담당 공무원들 대다수가 아직도 업무를 계속하고 있다는 것이 정말 납득하기 어렵지만 이것 역시 현실이다.

관악지역의 정당과 시민단체들은 구청장과 공무원들을 포함하여 총 11명이 관련된 이번 뇌물수수와 인사비리 사건에 대해 어떻게 대응해야 할 것인지 토의를 하였고 공동대책위 구성과 이번 사건을 지역주민들에게 알리는 활동을 진행 중이다. 향후 대응에 대한 토론을 하면서 우리가 어떤 사회에 살고 있으며 지역의 여러 사람들이나 주민들이 어떤 생각을 하고 있는지, 지방자치의 현실이 어떤지 많은 것을 확인할 수 있었고 개인적으로는 운동과 현실에 대한 성찰의 계기가 되었다.

지역의 여러 사람들과 대화를 하면서 그리고 주민들에게 홍보

물을 전달하면서 구청장의 사퇴촉구나 주민소환이 쉽지 않다는 몇 가지 현실적 논리에 접하게 되었다. 간략히 요약하면, 첫째는 감사원에서 적발한 구청장의 뇌물수뢰 혐의가 사실이 아니라면 인사에 대한 직권남용 문제로 사퇴나 소환까지 가기는 어렵지 않은가? 라는 주장이다. 둘째는 주민들의 경제적 이해관계가 직접 관련되어 있지 않으므로 주민들의 광범위한 참여를 끌어내기 어렵다는 주장이다. 셋째는 이미 만연되어 있는 부패구조에 주민들이 식상해 하고 있고, 뇌물수뢰나 직권남용 등의 문제로 주민들이 구청장의 사퇴를 촉구할 정도로 분노하고 있는가? 라는 주장이다. 마지막으로 구청장 사퇴를 촉구했는데 검찰조사에서도 혐의를 벗어나고 계속 구청장직을 수행한다면 게다가 다음 선거에서도 출마하여 당선된다면 단체나 센터에게 불이익이 오지 않을까라는 우려였다. 얼핏 들어보면 상당히 현실적이고 일면 수긍이 가는 주장이다. 그리고 이번 사건과 관련하여 다양한 사업이나 실천 활동을 할 때 꼭 염두에 두어야 할 내용이기도 하다.

그러나 인사전횡과 직권을 이용하여 특정인 승진압력을 행사한 직권남용만으로도 사퇴의 근거는 충분하다. 그리고 비록 눈에 보이는 경제적 이해관계는 없지만 지역공동체를 위해 사회가 공유해야 할 가치(민주주의, 인권, 생명, 환경, 복지 등)에 주민들이 지역정치의 주체로 서게 되는 성과도 무시할 수 없는 성과다. 또한 부패와 불법을 보고도 잘못된 정치와 권력행사에 대해 저항하고 주민을 정치의 주체로 내세우기 위한 노력이 전개되지 않는다면 향후 우리 사회에 어떤 희망이 있겠는가? 그리고 자치단체의 사회단체보조금이나 각종 정부 지원금에서 구청과 좋지 않은 관계를 형성한다면 불이익을 당할 개연성이 높은 것은 사실이다. 그러나 명백한 불법으로 감사원의 적발과 검찰수사가 진행되고 있는데도 후일을 염려하는 것은 기우에 지나지 않는다. 자신의 이익만을 추구하다 타인들과 고립되면 결국 무기력한 피통치자로 전락하게 된다.

대한민국 최고의 감사기관에서 불법행위를 적발하여 검찰에 수사 요청한 사실을 앞에 두고도 구청장의 사퇴나 주민소환에 단체 실무자들이나 지역주민들을 주저하게 하는 이유가 과연 무엇일까에 대해 다시금 생각해 보았다. 결국 신자유주의에 포섭되어 물신주의를 숭배하고 민주주의, 인권, 생명, 생태라는 인류가 추구할 가치보다는 경제적 이해관계에 급급하며 다른 사람들의 삶에는 관심 갖지 않고 자신만 살기위해 권력에 줄서기 하는 우리들의 자화상이 아닌가 싶다.

관악구청장은 2008년 관악구의 사업실적과 성과를 내세우며 자신에게 닥친 위기를 모면하려 하고 있다. 지방자치 복지부문 대상, 푸른도시 서울 가꾸기 최우수구, 서울거리 르네상스 조성사업 최우수구, 올해의 아름다운 골목 조성사업 최우수구 등을 수상하며 전국지방자치단체에서도 최상위권의 도시임을 입증하였다며 열심히 일했다고 인정해 달라고 한다. 결국 이런 성과의 이면에 뇌물수뢰와 인사비리라는 악취가 숨어있었던 것이다. 이는 중앙정부와 국회 그리고 지방정부와 지방의회를 장악한 한나라당의 무소불위식 권력행사와 민주적 과정과 절차보다는 결과만을 중시하는 성과주의적 행정에 그 뿌리가 있다고 할 수 있다.

문득 몇 달 전의 일이 다시 떠오른다. 지난 7월 18일, 관악구의회에서는 주민들의 환호를 자아낸 기쁜 소식이 있었다. '관악구 공공급식 식재료 사용 시 광우병 위험 미국산 쇠고기 사용금지 결의안'이 만장일치로 통과되었기 때문이었다. 그러나 보름이 지난 8월 4일, 관악구의회의 결의안은 한낱 휴지조각으로 변했다. 한나라당 소속 의원들이 발의해 소집된 관악구 임시의회를 통해 '관악구 공공급식 식재료 사용 시 광우병 위험 미국산 쇠고기 사용금지 결의안'이 취소되는 일이 발생한 것이다.

관악구의회와 관악구청의 이런 모습이 지방자치의 서글픈 현실이 아닌가 싶다. 그러나 이런 현실을 바꾸고 변화시키려는 힘과 동력이 관악구청장의 사퇴요구로 지역에서 살아 넘친다. 이것이 희망이 아니고 무엇이겠는가? 지역의 변화로부터 중앙의 변화가 가능하다는 소박한 외침이 지금 우리 현실에서 필요한 일이 아닌가?

_ 관악주민연대, 2008년 12월호 소식지

강남아줌마들이 승리한 서울 교육감 선거

7월 30일에 실시된 서울 교육감 선거는 한마디로 강남아줌마들의 승리였다고 표현할 수 있을 것입니다. 주경복 후보는 25개 구 중 17개구에서 이기고도 최종 합계 2만여 표로 패배했는데 강남구와 서초구, 송파구의 높은 투표율과 몰표가 가져온 결과였습니다.

강남아줌마들을 이렇게 결집시킨 이유가 과연 무엇일까요?

신자유주의 세계화에서 살아남기에 성공한 그들은 현재의 질서를 공고화시켜 경쟁교육을 통해 대를 이은 부의 세습을 꿈꾸고 있는 것 같습니다. 임대아파트와 종부세감면, 부동산 보유세 감면도 상당한 영향을 주었겠지만 무엇보다 자기 자식들 고급 교육시키고 특목고와 자율형사립고에 보내겠다는 욕심이 더욱 앞섰을 것으로 보입니다.

조중동의 전교조에 대한 이념 공격과 강남아줌마들의 표의 결집! 참 멋진 작품 같습니다. 결국 보수세력은 강남구에 임대아파트를 짓지 말게 해달라는 서울시 교육청의 공문에 표로서 응답해 주었습니다. 예전 대통령 선거의 초원복국집 사건이 다시금 떠오릅니다. 상식적으로 악재로 작용할 사안이 투표에서는 도리어 이해관계 세력을 결집하여 몰표가 나오는 어처구니없는 그런 상황 말입니다.

그러나 이런 사실을 뻔히 보면서도 당한 진보개혁세력들의 무능이 더욱 마음을 아프게 합니다. 이런 악재를 호재로 활용하지 못하고 서울지역 10만여 임대아파트 세대들을 투표장으로 결집시키지 못한 무능 말입니다. 주택청약저축과 청약예금을 부으면서 임대아파트에 입주할 꿈을 갖고 있던 사람들 역시 제대로 조직하지 못했습니다.

결국 촛불민심과 이번 교육감 선거의 민심은 분명하게 표출되었다고 보입니다. 대동단결하지 않으면 이기기 힘들다는 것입니다. 보수 세력에 반대하는 힘을 결집하지 못한다면 이후 어떠한 선거결과도 이기기 어렵다는 것입니다. 조중동을 위시해 향후 방송까지 장악하게 될 이명박정부와 한나라당 그리고 이를 엄호하는 강남아줌마들의 힘은 당분간 한국 사회에서 크게 기승을 부릴 거 같습니다.

이런 저들의 연합을 깰 수 있는 힘은 모든 진보개혁세력의 대동단결 외에는 방법이 없어 보입니다. 관악구만으로는 분명 이번 교육감선거에서 진보개혁세력이 승리했습니다. 그러나 투표율과 지지율에서 강남과 같은 압도적 승리는 못했습니다. 이것 역시 한계라고 보입니다. 계급투표를 하지 않았다고 서울시민에게 책임을 전가하는 우를 범하지는 말아야 합니다. 깨어 있는 사람들이 양극화와 빈부격차에 대해 그리고 교육문제에 대해 보다 정교하게 시민들을 설득하지 못한 것이 패배의 이유로 바른 지적일 것입니다.

비록 상대편이지만 조중동과 강남아줌마들의 파워에 그리고 승리를 위해 보수세력 단결을 끌어낸 세력들에게 찬사를 표하고 싶은 심정입니다. 대선과 총선 그리고 이번 교육감 선거에서 보여준

보수세력의 결집은 참으로 대단하다는 느낌입니다. 이제 진보개혁세력들은 패배를 반성하고 교훈을 얻어야 합니다. 그들의 연합과 단결보다 더 강한 연대와 단결로 힘을 결집해야 합니다.

_ 관악주민연대, 2008년 8월호 소식지

서울시 교육청의 임대아파트 건립반대에 항의하며

지난 5월 19일 서울시 교육청은 공정택 교육감 명의로 '강남구 수서2지구 임대주택 단지 건립사업을 재고해 달라'는 내용의 공문을 서울시장에게 보냈다고 한다. "강남구 수서동 지역은 소형아파트와 임대주택이 밀집돼 있어 기초생활수급 학생이 29%에 달하고 있으며 추가적 국민임대주택 단지가 조성될 경우 교육환경이 열악해질 것이 우려된다"는 것이 공문의 핵심내용이다.

서울시교육청이 강남지역의 국민 임대아파트 건립사업을 놓고 저소득층 학생이 많아져 교육환경이 나빠질 것이란 이유로 임대아파트 건립 재고를 요청하다니 정말 이들에게 백년지대계라는 교육정책을 맡겨놓아도 좋은지 임대아파트에 거주하는 한 사람으로서 절망감을 느끼지 않을 수 없다. 공정택 교육감과 시교육청 관계자들의 시각에서 볼 때 임대아파트가 밀집해 있는 노원구와 강서구 그리고 우리 관악구의 교육환경은 대체 얼마나 열악하다는 것인가? 그들의 시각대로라면 관악구를 떠나 하루빨리 강남구로 이사 가야 좋은 교육환경에서 자녀교육을 시킬 수 있다는 것 아닌가?

그렇지 않아도 많은 수의 부모들이 아이들 교육문제로 옆 동네인 서초구와 강남구로 이사 가야 되는 것 아닌가?라는 고민을 달고 살아가는 현실에서 서울시 교육을 책임지는 교육청에서 이런 공문을 보내 교육환경이 좋은(?) 서초구나 강남구로 이사 가도록 부채질 하는 것은 이미 교육자로서의 자질부족을 스스로 드러내고 있지 않은가 싶다.

서울교육청은 특목고와 자율형사립고 정책으로 가난한 사람들에게 실망을 주더니 이제는 임대아파트 건립마저 가로막아 주거권까지 침해하려고 한다. 치솟는 부동산 가격과 전세값 인상으로 사실 서울에서 서민들의 주거권은 이미 침해될 대로 침해되어 있는 상태이다. 그런데 그나마 서민들의 보금자리를 마련할 수 있는 임대아파트 건립에 찬물을 끼얹는 이런 사람들은 강부자를 대변하는 건설업계에서 일해야 맞는 사람들이지 교육계에서 일하는 사람들이라 보기 어렵다.

교육여건이 취약한 지역에 우수 교사 배치, 교육복지 투자 등 예산지원을 통해 교육환경을 개선하기 위해 노력을 기우려도 부족한 현실인데 교육환경이 나빠진다며 임대아파트 건립을 반대하는 것은 결코 옳은 일이 아니다. 서울시 교육청이 공공기관 청렴도 조사에서 3년 연속 꼴찌를 했다는 것이 이제는 정말 실감이 난다. 교육감과 교육청 간부들이 이런 관점에서 정책을 이끌어 왔다면 너무도 당연한 결과일 것이다. 이번 사건을 보며 이번 7월 30일에 있을 서울시 교육감 선거가 왜 중요한지 다시 한 번 절감하게 된다. 적어도 가난한 사람들을 외면하고 무시하는 이런 사람들에게 아이들의 미래와 이 나라의 교육을 맡겨서는 안 되는 것 아닌가?

_ 2008.07.23.

사제단 촛불미사는 성령의 인도

성령의 힘이 아니라면 이런 멋진 작품은 결코 현실화되지 않았을 겁니다. 시위대 폭력이냐 공권력의 폭력이냐는 본질과 벗어난 논쟁이 언론을 통해 확산되어가는 시점에서 비폭력 평화시위를 내걸고 천주교정의구현전국사제단이 시청광장에서 미사를 거행하고 평화행진을 무사히 진행하자 공권력과 보수언론은 당황하고 있습니다. 이유야 어쨌든 폭력시위로 보수언론과 이명박정권에 빌미를 주던 일부 시위대들도 이제는 정신을 차리고 있는 것 같습니다.

현재 시청 앞 촛불은 비폭력 평화시위만이 유일한 해결책이라고 해도 과언이 아닐 것입니다. 폭력으로 폭력을 제압할 수는 없기 때문이고, 도덕적 명분과 국민적 지지도 비폭력 평화시위에서 나올 수 있기 때문입니다. 지난 5월 2일부터 촛불집회에 참석했던 저로서는 이제야 다시금 비폭력 평화시위로 방향을 선회하게 된 데 대해 정말 다행스럽게 생각합니다.

고시철회! 전면재협상! 요구가 이 정권에게 묵살당한 것은 사실입니다. 그리고 민심이 여기에 있다는 것은 대한민국 국민이라면 누구나 아는 사실입니다. 그러나 80년대 이전의 사고방식에 찌들어 있는 이명박 대통령과 검찰, 경찰 등의 공권력은 무력으로 진압할 수 있다고 생각하고 있으며 이는 단기적으로 가능할 수도 있습니다. 그러나 역사가 보여주듯이 일시적인 무력으로 국민을 짓밟으면 반드시 후폭풍으로 정권이 무너지게 됩니다. 이명박대통령이 실용을 앞세워 지혜롭게 국정을 풀어 가리라는 일말의 기대감은 촛불시위에 보여준 공권력의 폭력으로 정권의 실체와 본질을 적나라하게 보여주고 말았으며 기대감은 반감으로 확산되고 있습니다.

정부도 대책위도 갈피를 못 잡는 상황에서 사제단은 비폭력 평화시위가 정답이라는 사실을 만천하에 알렸고 폭력은 거짓말처럼 눈앞에서 사라졌습니다. 사실 정권에게는 비폭력 평화시위보다 두려운 것이 없을 것입니다. 보수언론도 마땅히 대응할 논리가 궁색할 것입니다. 모두가 폭력 앞에서 유혹받고 폭력에 좌절하고 폭력에 신음할 때 다시금 비폭력 평화로 상황을 돌파해 낸 사제단의 촛불미사는 국민들의 기억에 오래 자리할 것입니다.

최근의 상황을 지켜보며 인도의 정신적 지도자인 간디가 영국에 맞서 비폭력 평화시위로 승리한 동력이 무엇이었는지 조금은 이해가 갑니다. 특수임무수행자 단체 회원들이 합법정당인 진보신당에 난입하여 백색테러를 자행하고 극우세력들이 색깔논쟁으로 허무맹랑한 공격을 해도 꾹 참고 이성에 호소해야 합니다. 국민을 분열시키기 위해 안간힘 쓰는 세력들의 꼼수에 정면으로 예의를 갖추고 대응하면 사람인 이상 그들도 생각하는 바가 있을 것입니다. 비폭력은 폭력을 넘어 반드시 승리할 것이라는 믿음을 가지면 국민이 이길 것입니다. 폭력과 50년대식 국민 분열에 의존하는 극우세력은 반드시 역사의 심판을 받게 될 것입니다.

_ 2008.07.02.

한미 쇠고기협정 청문회를 보면서

지난 4월 18일, 미국산 쇠고기 및 쇠고기 제품 수입위생조건에 관한 한미 쇠고기협정이 체결된 후 협상결과에 대한 반대의사가 네티즌을 중심으로 재협상 서명운동과 촛불문화제로 표출되고 있다. 중·고생들이 중심이 된 촛불문화제는 평화적이고 비정치적인 형태로 전개되었고 생명과 건강권에 대한 자신의 권리를 지키기 위한 소박한 형식의 의사표출 과정이었다. 5월 2일부터 시작된 청계천광장에서의 촛불문화제는 주최 측이 생각했던 1천여 명을 훌쩍 뛰어넘어 2만여 명이 모였고, 다음날인 5월 3일 촛불문화제에도 비슷한 숫자의 사람들이 참여하는 대규모 행사로 발전하였다. 이러한 국민의사의 표출은 정치권과 정부에도 상당한 압박을 주었고 시민사회단체들 역시 민심을 따라잡지 못하고 허둥대다가 5월 6일 긴급시국대책회의를 소집하기도 하였다.

여기에 5월 7일에 잡혀있었던 국회 청문회는 국민의 관심을 집중시켰고 이에 부담을 느낀 대통령은 청문회 당일 오전 "쇠고기 개방으로 국민 건강에 위협을 가하는 일이 있다면 즉각 우선적으로 수입을 중지할 것이고, 대책을 마련하게 될 것" 이라고 했다. 여당대표도 국회 교섭단체 대표연설에서 "미국에서 광우병이 발생하면 모든 수입 쇠고기에 대해 전수조사를 실시하고 문제가 발견되면 즉시 수입을 중단하겠다, 일단 수입을 중단시켜놓고 대책을 논의하겠다"고 말했다. 이에 힘을 받은 탓인지 오전 국회 청문회까지만 해도 미국산 쇠고기 수입중단 여부에 대해 별다른 언급을 하지 않았던 정운천 농림수산식품부장관은 청문회에서 "미국에서 광우병이 발생한다면, 미국산 쇠고기 수입을 즉각 중단하겠다"면서 "통상마찰이 발생하더라도, 수입을 중단할 것"이라고 말했다. 이 같은 태도변화는 계속 확산돼가는 네티즌들의 대규모 촛불시위와 대통령과 여당 지지율의 급격한 추락(한나라당 여의도연구소 5.5. 조사결과 대통령 지지율 28%)과 야당들의 재협상에 대한 거센 요구 그리고 박근혜 · 원희룡의원 등 당내 재협상론의 부상 등이 작용했을 것이다.

그리고 이러한 일련의 과정에 종지부를 찍고 싶어서인지 정부는 5월 8일 한승수 국무총리의 담화를 통해 "정부가 미국산 쇠고기 수입과 관련해 가장 중요하게 생각하는 것은 우리 국민의 건강"이라며 "광우병이 미국에서 발생하여 국민 건강이 위험에 처한다고 판단되면 수입 중단 조치를 취할 것"이라고 발표했다. 그리고 "미국과 다른 나라들과의 협상 과정을 지켜보면서 새로운 상황이 발생할 경우에는 언제라도 미국과 체결한 협정의 개정을 요구하겠다"면서도 "정부는 허위사실을 유포하거나 불법집회로 국민을 불안하게 하는 행위는 법과 원칙에 따라 엄정하게 대처 하겠다"며 현 사태의 책임을 허위사실유포와 불법집회로 전가시키려고 했다.

5월 6일 온종일 국회청문회를 지켜본 결과 몇 가지 중요한 사실은 확인이 된 것 같다. 우선 이번 한미 쇠고기 협상에서 우리 정부가 국민건강주권과 검역주권을 제대로 지켜내지 못했다는 것이다. 바로 여기에 국민들은 분노했고 촛불문화제 참여와 서명운동으로 자신의 의견을 표출하고자 했다. 다른 나라들에 비해 매우 불리한 30개월 이상의 소를 수입하고 뼈와 내장 등 부산물들 대부분을 수입하도록 되어 있는 것은 일각에서 주장하는 바처럼 조공외교로 비판받기에 충분한 것이다. 다음으로 부시대통령과 이명박대통령이 만나기로 한 전날 서둘러 협상을 체결하며 너무 많은 양보를 했다는 것이다. 이는 미국에서 광우병이 발생해도 수입중단조치를 할 수 없고 국제수역사무국(OIE)이 미국의 '광우병 위험 통제국' 지위를 변경하지 않는 한 미국산 쇠고기를 계속 수입해야 한다는 것으로 명문화 되었다.

마지막으로 미국 소고기의 도축과 검역 그리고 위생에서 우리나라의 입장을 제대로 반영시키지 못했다는 것이다. 바로 이 부분의 미흡함은 광우병우려로 확산되었고 검역주권의 포기로 국민들에게 비춰지게 되었다는 것이다. 청문회에서 조경태의원은 미국산 쇠고기 30개월 이상으로 값싸고 질 좋은 것이 있다면 자신에게 갖다 달라며 협상담당자들을 거세게 몰아붙였고, 한 의원은 정부종합청사와 농림수산식품부의 식단에 미국산 쇠고기를 올려 몇 달 동안 공무원들이 먼저 먹어본 후 안전하다고 국민을 설득하는 게 어떻냐는 황당한 제안을 하기도 했다.

청문회를 지켜보며 들었던 생각은 정부와 여당이 좀 더 솔직해져야 한다는 것이다. 협상결과를 위반하면서까지 "광우병 발생 시 수입을 중단하겠다. 통상마찰도 불사하겠다" 는 주장보다는 협상이 미흡하고 잘못됐으니 재협상을 통해 국민이 우려하는 건강주권과 검역주권을 지켜내겠다고 하는 것이 국민에게 설득력이 훨씬 높다고 보인다. 그리고 광우병 발생 등 조건의 변화가 있는 경우 수입중단 조치 등의 대처 방식이 비록 고육지책이지만 국익과 국가신인도에 비춰볼 때 더 좋은 대응이 될 수 있다는 주장을 하려면, 먼저 협상이 미흡했고 실패했음을 솔직히 인정하고 협상책임자들을 처벌한 후 국민적 동의를 얻는 과정을 거쳐야 할 것이다.

5월 15일이 지나게 되면 재협상은 물 건너가게 된다. 그때까지 미국에게 재협상이나 추가협상을 요구하든지 현재의 쇠고기협상 결과를 정부가 고시하지 않아야 되는데 현재의 정부태도로 볼 때 쉽지 않을 것 같다. 그러면 5월 23일부터 열리는 임시국회 본회의에서 쇠고기수입 관련 입법을 통해 정부의 고시를 무력화하는 방법이 다음 대안이 될 것이다. 허위사실 유포와 불법집회에 책임을 떠넘기며 국민들과 일사불전이라도 하겠다는 태도보다는 보다 솔직하고 겸허한 자세로 국익과 국가신인도를 고려하며 쇠고기 협상에 대한 전반적인 과정을 설명하며 잘못된 것은 인정하고 책임질 것은 분명히 책임지면서 국민의 이해를 구하는 것이 현재의 사태를 지혜롭게 극복할 수 있는 바람직한 대안이 아닌가 싶다.

_ 2008.05.07.

모란공원에 다녀왔습니다

지난해 이맘때 쯤 한미 FTA를 반대하며 분신했던 허세욱님의 1주기 추모행사로 모란공원엘 다녀왔습니다.

관악지역의 제 단체 및 정당들의 활동가들과 회원들 100여명이 함께 했습니다. 요즘 세상에 100여명이 단일한 주제로 행사에 참여하기가 얼마나 힘든 일인지 다들 잘 아실 겁니다. 결국 허세욱님이 이 사람들을 한자리에 모일 수 있도록 해준 것이지요. 오랜만에 모란공원에 가서 문익환 목사님과 전태일 열사도 참배하고 한희철 선배의 묘소도 참배했습니다.

오늘이 날이 좋아서 인지 아니면 4월에 열사들이 많아서 인지 모란공원에는 추모행사도 많았고 사람도 참으로 많았습니다. 다음주 4·19묘지에 참배하고 조성만 열사 추모행사(4월 21일)도 참여해야겠습니다. 왠지 먼저 가신 분들에게 미안하고 더 열심히 살아야겠다는 생각이 들었습니다. 그리고 한희철 선배 참배도 매년 잘 되고 있는지 관심을 가져야 하는 거 아닌지 등 여러 생각이 들었습니다.

_ 2008.04.13.

한반도 대운하 건설은 시대를 역행하는 사업이다

지난 대통령선거에서 이명박 후보가 공약으로 내걸었던 한반도 대운하 건설이 우리 사회에서 가장 뜨거운 쟁점이 되고 있다. 학계와 법조계 그리고 종교계에서 성명을 발표하기도 했고 대운하 예정지를 수십 일간 도보로 순례하고 있기도 하다. 그리고 시민사회단체들은 국회의원 총선거라는 정치공간에서 한반도 대운하에 대한 문제의식을 국민과 공유하기 위해 노력하고 있다. 또한 국토해양부에서는 민간사업자의 사업계획서조차 제출되기 전임에도 불구하고 대운하사업기획단을 조직하고 대운하 추진절차와 일정을 구체화하는가 하면, 심지어 민간사업자와 접촉하여 사업의 상세부분까지도 협의하고 있는 것으로 언론에 보도되기도 하였다. 아마도 이번 국회의원 총선거가 끝나면 한반도 대운하 사업은 구체적으로 추진될 가능성이 매우 높다.

시민사회단체들과 지역운동에서는 대운하 문제를 바라보면서 무엇을 성찰하고 어떤 관점을 가져야 하는가에 대해 먼저 고민해야 할 것이다. 지난해 말 국회에서 동 · 서 · 남 연안권 특별법과 새만금 특별법이 통과되어 이미 국토의 30% 정도가 개발의 광풍에 노출될 위험에 처하고, 동진강과 만경강 하구와 갯벌을 숨죽이게 하면서 호남 서해안 일대의 생태계를 결정적으로 파괴할 것이라는 사실을 아는 국민들은 많지 않은 것 같다.

한나라당 정책공약집인 일류국가희망공동체 대한민국에 실려있는 "살고 싶은 국토재창조"에 있는 대운하 관련내용에는 '통일시대를 대비하는 한반도 대운하'로 남한의 12개 노선 2,100킬로미터, 북한의 5개 노선 1,000킬로미터를 합한 17개 노선 3,100킬로미터이며 일차적으로 경부운하(한강-낙동강), 호남운하(영산강), 충청운하(금강)건설, 이어 안동운하 등 나머지 운하, 장기적으로 북한운하 건설추진으로 대규모 개발계획이 예정되어 있다. 게다가 환경을 살리는 물길복원, 환경을 보호하는 하천준설, 운하가 환경에 미치는 긍정적 영향과 지역개발과 물류비절감, 수상레저 등 관광산업진흥으로 70만개 일자리 창출 등으로 대운하 사업이 포장되어 있다. 그리고 공약집에는 "우리나라는 운하건설에 적합한 환경입니다"라고 시작하고 있다. 그런데 정말 이런 내용이 맞는 것일까? 우리나라는 삼면이 바다이고 산림이 70%이상이며 여름에 집중호우가 내리고 기온이 높아 예로부터 벼농사와 이를 위한 보와 저수지가 발달했다는 지리교과서의 내용이 잘못되기라도 한 것인가? 대통령 선거에서 표를 얻기 위해 거짓말을 했다면 이제는 솔직해져야 하는 것이 아닐까 싶다.

앞으로 다가올 사회는 생태와 생명이 존중되는 바이오사회라고 한다. 그런데 우리 사회는 시대의 흐름에 역주행하고 있는데도 사회구성원들은 위기의식을 느끼지 못하고 있다. 아니 어쩌면 위기를 느끼면서도 당장 눈앞의 이익에 연연해하며 애써 외면하고 있는지도 모르겠다. 우리는 화석연료에 의존하는 소비문명에 살고 있다. 또한 대량생산, 대량소비, 대량폐기로 반환경적이며 자연을 약탈하는 사회에 살고 있다. 돈과 물질이 최고인 배금주의와 물신주의에 허덕이고 있다. 한반도 대운하를 통해 세상이 병들고 우리 자신이 병들고 국토생태계가 신음하는 현실을 냉엄하게 성찰하여 생명 · 평화 사회로 우리 사회가 한걸음 진전하는 계기가 되기를 바란다.

대운하 반대운동은 나와 세상과 지구를 살리는 운동으로 나아가야 한다.

_ 2008.04.07.

관악구 재향군인 예우 및 재향군인회 지원에 관한 조례 통과를 바라보며

대통령 선거 이틀 전이었던 지난 12월 17일. 관악구의회는 제153회 정례회에서 6건의 조례안을 통과시켰다. 구의원 의정활동비 지급에 관한 조례안은 지역 언론과 시민단체들의 문제제기로 그 문제점에 대해 많이 알려졌지만 의정활동비 조례와 함께 통과된 '관악구 재향군인 예우 및 재향군인회 지원에 관한 조례'의 제정에 대해서는 잘 알려지지 않았다. 관악저널(재창간 제61호, 12.21자)을 통해 일부 알려진 이 조례에 대한 의회에서의 토론내용은 이복례의원과 이동영의원의 찬반토론으로, 이 조례의 위헌논란 소지와 중복지원의 문제였다. 그리고 조례안의 표결은 찬성 17명, 반대 4명으로 가결되었다고 한다.

'관악구 재향군인 예우 및 재향군인회 지원에 관한 조례'의 제정 소식을 접하고 몇 가지 궁금증이 일었다. 무엇보다 조례의 상위법인 재향군인회법이 현재의 17대 국회에 개정안과 폐지안이 상정되어 있는데 서둘러 조례를 제정하려는 이유가 무엇일까? 하는 점이었다. 국회에 계류 중인 재향군인회법은 개정안으로 임종인의원 등 22인이 발의한 개정안과 박명광의원 등 18인이 발의한 개정안 그리고 폐지안으로 이영순의원 등 10인이 발의한 폐지법안이다. 또한 이들 법률개정안 등에 대해 대한민국재향군인회(회장 박세직)는 지난 12월 26일과 27일 양일간 향군회원들이 모여 국가보훈처 앞에서 규탄대회를 갖기도 하였다. 향군은 집회에서 "향군이 정치활동을 위반 시 임원의 해임까지 요구할 수 있는 처벌규정을 둔 것은 죄형법정주의의 무시는 물론, 재향군인회의 조직과 기능을 약화 · 말살시키려는 행위"라며 "좌파의 입맛에 맞춘 향군 길들이기 행위를 그만둘 것을 강력히 촉구"하기도 하였다. 현재 위 법안들은 제271회 국회(임시회)의 법률안심사소위에 2월 18일자로 상정되어 있다.

그렇다면 다른 자치단체나 광역단체의 경우는 어떤지 파악해 보았다. 빠른 곳은 2006년부터 시작하여 2007년 하반기와 2008년 1월에 광역자치단체와 기초 자치단체 수십 곳에서 재향군인회 조례가 제정되었다. 재향군인회법 개정법률안과 폐지법률안이 2005년 11월과 2006년 9월에 국회에 상정된 것을 감안할 때 대다수의 지방의회에서 한나라당이 다수를 차지한 것을 활용하여 재향군인회 본부에서 조직적으로 대응한 것이 아닌가 하는 의혹이 들기도 했다. 국회와 지방의회가 엇박자를 내고 있는 전형적인 모습을 보이고 있다는 느낌이었다.

다음으로 재향군인회는 왜 굳이 기초의회에서까지 조례를 제정하고자 했는가라는 궁금증이었다. 자유총연맹이나 바르게살기운동협의회, 새마을운동협의회에서는 지방의회에 관련조례를 제정하지 않고 있는데, 재향군인회는 관련 법률이 있는데 왜 그럴까? 인터넷의 위키백과사전에는 "재향군인회법 제3조에 의해 재향군인회는 정치활동이 금지되어 있으나, 보수적인 일부 장성 출신들을 주축으로 '국보법폐지 반대', '노무현 탄핵 찬성' 등의 정치 집회를 700만 전체 예비역을 대변하는 조직으로 활동해 오고 있다는 논란이 있다"고 되어 있는데 정치활동을 자유롭게 하면서도 안정적인 재원마련을 지방자치단체에서 만들고자 하는 것이 아닌가라는 의혹이 들었다.

재향군인회의 2005년도 예산은 316억5천8백만 원이며 국고보조금은 119억7백만 원, 보훈기금보조금은 194억2천5백만 원이고 자체수입은 3억2천6백만 원이다. 또한 향우실업, 중앙고속, 충주호 관광선, 군납제조 납품 등 7개의 산하업체를 운영하고 있다. 등록회원 123만 명에 미등록회원 625만 명 총 748만 명에 달하는 공룡단체가 300억이 넘는 국고 및 보훈기금을 지원받는 것도 부족해서 지방자치단체 보조금까지 다른 시민사회단체에 비해 우월한 지위에서 받으려고 한다면 큰 문제가 아닐 수 없다.

최근에 통과된 재향군인회 조례들에 입각한 보조금 지원은 조례가 빨리 통과된 자치단체는 올해부터, 2007년 말과 2008년 초에 통과된 자치단체들은 2009년 예산안 및 결산서에 보조금의 규모를 확인할 수 있게 될 것이다. 관악구 재향군인회의 경우 조례통과 이전까지는 '관악구사회단체보조금지원조례'를 통해 다른 시민사회단체들처럼 보조금을 지원받았는데 앞으로 보조금의 지급방식이나 규모에 대해 잘 감시하여 국민의 혈세가 정치적 이해관계에 의해 낭비되는 일을 막아야 할 것이다.

_ 관악주민연대, 2008년 2월호 소식지

살해피해자 가족들과의 '희망여행'

희망여행

지난해 10월 11일부터 20일까지 미국 텍사스 주에서 열린 '희망여행'을 다녀왔다. 희망여행은 1993년에 시작되었다고 한다. 희망여행은 '화해를 위한 살인피해자 유가족 모임(MVFR : Muder Victims for Reconciliation)'이라는 단체가 주관한다. 가족이 피살되었는데 사형제도에 반대하는 미국에서도 보기 드문 피해자 유가족 단체이다. 회원은 4,000명이 넘는다고 한다. 1993년 첫해에는 인디애나 주, 1994년에는 조지아 주, 1995년에는 캘리포니아 주… 그리고 2007년에는 텍사스 주에서 열렸다. 2005년도에도 텍사스 주에서 열렸는데 2년만인 올해도 텍사스 주에서 열리는 이유는 사형제도가 존속하는 주를 중심으로 희망여행을 개최하는데 텍사스 주가 특히 사형집행이나 사형수 숫자가 가장 많기 때문이란다. 2007년 10월 현재 텍사스 주에만 400명이 넘는 사형수가 있다고 한다.

희망여행은 살인피해자들과 가해자들이 2주일간 함께 여행을 떠나는 행사인데 올해는 1주일만 'Journey of hope(희망여행)'을 하고 나머지 1주일은 '화해를 위한 살인피해자 유가족 모임' 집행부의 여행으로 계획되었다. 희망여행 참가를 통해 살인피해자들이 가해자들을 어떠한 과정을 통해 용서하고 어떻게 화해를 이루어 가는지를 배웠던 것은 나에게는 평생 잊지 못할 소중한 기억이 될 것이다.

희망여행 참가하기까지

천주교사회교정사목위원회의 운영위원으로 활동하면서 범죄피해자 가족에 대해 관심을 갖게 되었다. 특히 살인 피해자 가족들이 겪어야만 하는 고통에 대해 생각할 기회가 있었다. 이런 중에 교정사목위원회 이사로 계신 박병식 교수가 번역한 〈희망여행〉이란 책을 접하였다. 그리고 마침 천주교사회교정사목위원회에서 연쇄살인범 유영철의 피해자인 고정원님을 모시고 희망여행을 간다는 소식을 접하고 기회가 되면 함께 갔으면 하는 바램을 갖고 있었다.

고정원님은 4년 전 어머님과 부인 그리고 4대 독자 아들이 유영철에 의해 한꺼번에 희생당한 끔찍한 체험을 하신 분인데도 신앙에 의지하며 유영철을 용서한 분이었다. 연쇄살인범으로 우리 사회를 경악하게 만들었던 유영철도 고정원님의 용서와 화해의 손길은 마다하지 못하고 고정원님께 편지를 보내 자신의 잘못에 대해 용서를 빌은 바 있다.

그런데 정말 우연치 않게 기회가 왔다. 천주교교정사목위원회에서 연쇄살인범 유영철의 피해자인 고정원님을 모시고 희망여행을 가는데 여기에 함께 하게 된 것이다. 직장 일 등 하던 일들이 걱정은 되었지만 무조건 함께 가기로 마음을 먹고 짧은 기간 안에 비자를 발급받느라 어려움을 겪으면서 희망여행 준비를 하였다.

미국에 가기 전부터 개인적으로 사형제도 폐지에 관해 많은 관심을 갖고 있었다. '사형폐지 선택의정서'가 유엔이 채택한 중요 인권협약 중 하나이며, 사형제도를 폐지해야 유럽연합에 가입할 수 있다는 국제적 흐름과 한국에서도 사형집행을 하지 않은지 10년이 경과하여 이제는 국제적으로 사형폐지국가로 인정받았다는 사실을 굳이 강조하지 않는다 해도 사형제도는 국가에 의한 또 다른 형식의 살인이라는 생각을 갖고 있었다.

게다가 한국현대사에서 군사독재 정권이 정치적 반대자들을 탄압하기 위해 사형제도를 악용한 것은 이미 주지의 사실이다. 인혁당 관계자 8명이 사형선고 받은 지 20시간도 되지 않은 상태에서 사형집행을 당했고, 진보당 조봉암, 민족일보 조용수, 김대중 전 대통령, 이철, 유인태 등의 정치인들이 사형선고를 받았고 처형되거나 감형되었던 사례를 접하면서 사형제도는 인권의 시각에서 반드시 재평가되어야 한다고 생각하고 있었다. 또한 무고한 사람들이 오판에 의해 사형선고를 받을 수 있다는 가능성과 실제 사형선고를 받았다가 끝내는 무죄선고를 받았던 이도행씨 사건에 관여하면서 사형제도는 반드시 폐지되어야 한다고 생각했었다.

10월 11일 오후 2시 15분에 출발하는 미국행 비행기에 몸을 실었다. 미국이라는 나라에 처음 갈 뿐만 아니라 희망여행은 어떤 것일까? 라는 기대감으로 마음이 들떠 있었다. 비행기는 샌프란시스코를 경유하여 텍사스 주의 휴스톤으로 가는 것이었다. 샌프란시스코까지 꼬박 10시간이 걸렸다. 그리고 1시간 20분 정도 기다렸다가 휴스톤으로 가는 비행기로 갈아탔다. 휴스톤까지는 3시간 40분이 걸렸다. 비행시간만 14시간 정도 걸렸고, 인천공항 출발해서 휴스톤 숙소까지 가는데 16시간이 약간 넘게 걸렸다. 그런데도 시차 덕분에 휴스톤 숙소인 홈 스테이드 호텔에 도착한 일시는 10월 11일 오후 5시경이었다. 하루를 번 셈이다. 시차는 14시간이었다.

씨씨 맥위와의 만남

10월 12일 밤, 고정원님과 미국의 행사참여자 자매 한 분이 자연스럽게 대화를 나누게 되었다. 씨씨 맥위(Celia F. Mcwee)는 피해자 가족이면서 동시에 가해자 가족이었다.

"딸은 사위에게 죽임을 당했으나 사위는 보석으로 풀려난 후 외손주들을 만나지 못하게 했다. 아들은 경찰학교에 갔으나 조교들의 반인권적 태도에 반항하다 나와서 소방관이 되었는데 후에 살인을 하여 사형이 집행되었다"고 했다. 딸과 아들의 죽음은 상당한 햇수의 차이가 있는 것 같았다. 2년간 심리치료와 상담치료를 받았는데 가장 힘들었던 것은 아들이 범행을 했을 때 자신이 어디에 있었는가에 대한 자책감이 무엇보다 컸다고 한다. 그녀는 싸이렌 소리에 매우 민감하단다. 딸 출산 시, 병원에 가다 경찰차의 도움을 받아 싸이렌을 울리며 병원에 갔던 기억과 아들이 소방관이어서 싸이렌 소리에 특별한 기억이 있고 지금도 싸이렌 소리에 많이 동요된다는 것이다. 치료를 받았지만 치료되는 것이 아니라 모든 것을 내려놓고 살아가는 것 외엔 없다고 했다. 딸의 죽음 앞에서는 갈아 마시고 싶을 정도의 복수심도 있었다고 했다. 그러나 아들이 가해자가 되고 사형집행을 당한 후인 지금은 피해자들이 가해자 가족을 돕는 일을 하고, 용서해야 한다고 했다. 그래야만 마음이 치유가 될 수 있다는 것이다. 그리고 인간의 목숨은 하느님에게 있으므로 죽여서는 안 된다면서 피해자 가족들은 용서로 치유된 후 또 다른 피해자 가족에게 도움을 주는 것이 필요한 일인데 세상이 유지되는 한 그런 피해자들은 계속 나오게 되기 때문이라고 했다. 딸이 죽었을 때 아무도 위로의 말을 하거나 사건에 대해 말하지 않았고 아들이 사람을 죽였을 때도 사건에 대해 아무도 말을 하지 않았다고 했다.

그녀는 고정원님에게 유영철에게 '너는 마음이 얼마나 아프냐' 면서 마음을 위로해 주라고 부탁했다. "가해자 가족은 피해자 가족보다 더 힘들다"고 했다. 씨씨의 사연을 듣고 고정원님은 씨씨를 진심으로 위로했다. 그리고 씨씨도 고정원님의 상처를 진심으로 위로해 주었다. 부둥켜안고 눈물을 흘리는 두 사람의 모습을 지켜보면서 언어의 장벽이나 국경의 장벽은 전혀 느껴지지 않았고 서로의 체험에 진심으로 공감하며 서로를 위로해 주고자 하는 고결한 인간의 심성을 느낄 수 있었다.

자선콘서트와 헬렌 프리젠 수녀

10월 13일 저녁 7시에는 MVFR 주최의 기금모금 자선콘서트가 한 대학에서 열렸다. 자선콘서트에는 300여명이 참석하였다. 행사장 입구에서는 홍보물도 나누어주고 관련 책자나 배지도 판매하고 사형제도 폐지관련 단체들의 유인물도 전시되고 있었다. 빌의 개회에 이어 찰리의 스텝 바이 스텝 등의 노래 그리고 피해자 가족인 낸시의 체험사례발표, 가수 그린피스의 노래와 헬렌 프리젠(Helen prejean) 수녀의 강의가 이어졌다. 프리젠 수녀의 인기는 대단했다. 그리고 힘과 유머가 섞인 강의는 관중을 사로잡았다. 콘서트가 끝난 후 프리젠 수녀의 사인이 담긴 도서를 구입하기 위해 줄을 선 사람들이 끝이 잘 보이지 않았다. 나도 줄을 서서 구입한 책에 사인을 받으려고 했으나 엄두가 나지 않아 중도에 포기했다. 내일도 프리젠 수녀를 만날 수 있으니 굳이 무리할 필요가 없었다. 프리젠 수녀는 〈데드맨 워킹(Dead Man Walking)〉이라는 책과 영화로 국제적으로도 신망이 있었고 한국에도 사형폐지 행사와 관련하여 2~3차례 다녀간 적이 있었다.

레이니 쿠싱과의 재회

쿠싱(Renny Cushing)은 4년여 전 사형제도 폐지 관련 국제행사가 국회의원회관에서 있었을 때 참여했을 때 만났던 사람으로 나에게는 매우 깊은 인상을 주었었다. 국회행사 후에는 교정사목 천주교 교도관 교육 등의 행사에도 참여했던 것으로 기억한다. 나는 당시 쿠싱이 자신의 아버지가 살해당했는데도 가해자를 용서하고 사형제도 폐지를 위해 활동하는 모습을 보고 한국에서 과연 이런 일이 가능할 것인가?에 대해 회의적으로 생각했던 적이 있었다.

희망여행에서 다시 쿠싱을 만나 매우 반가웠는데 무엇보다 아직까지 사형제도 폐지를 위한 활동을 몇 년간 지속적으로 해오고 있다는 점이었다. 그리고 인터뷰를 하고 싶었던 특별한 이유는 MVFR과 MVFHR의 관계 그리고 MVFR과 다른 살해피해자 모임들과의 관계들이 어떤지 궁금했다. 미국에서 피해자 가족모임의 정치적 영향력과 파워는 상당한 것으로 알려지고 있기 때문이다.

쿠싱은 MVFR(화해를 위한 살인피해자 유가족모임) 회원이면서 MVFHR (Murder Victims for Human Rights, 인권을 위한 살인피해자가족들)의 사무총장을 맡고 있었다. MVFHR은 2004년 12월 10일에 설립되었으며 버드 웰치씨가 현재 대표를 맡고 있다. 피해자 가족들이 인권을 바탕으로 활동하고 있으며 사형제도에 대해서도 적극 활동한다고 했다. 3년 전 몬트리올에서 사형제도 관련 워크샵 후 전 세계적으로 네트워크 구축을 시작했으며 현재 미국에 기반을 두고 있으나 앞으로 세계적으로 계속 확산시킬 예정이라고 했다.

쿠싱은 아시아에도 사형폐지 네트워크가 있으며 엠네스티를 기반으로 하고 있는데 한국의 참여는 잘 모르겠다고 했다. 사진작가인 토시 카사마라는 일본인이 아시아커넥션을 담당하고 있으며 일본과의 연락책 역할을 담당하고 있다고 했다. 3년 전 일본에 가서 강연하였고 일본 피해자들 만났고 5명의 피해자 가족 찾아서 함께 노력하고 있다고 했다. 지난 5월 하라다씨가 조직을 만들어서 공식적으로 활동을 시작한 것으로 알고 있는데 단체 명칭은 '피해자가족과 인권을 위한 모임(OCEAN)'으로 알고 있다고 했다. 일본은 옴 진리교 지하철 가스사건 때문에 사형제도 폐지에 대한 여론이 좋지 않은 편이며 홍콩에는 총살형이 아직도 있고 대만에서도 사형제 반대 피해자 가족 만나 대화를 하기로 했다며 피해자를 찾는 것은 입에서 입으로 할 수밖에 없다고 했다. 그리고 피해자지원과 피해복구 사업도 함께 하고 있다고 했다.

살해피해자와 사형제도

희망여행에서 고정원님과 미국 살해피해자 가족들의 가슴 절절한 사연을 접하고 그 분들이 가해자를 용서하고 가해자들과 화해하기 위해 노력을 기울였던 과정을 경청하면서 인간이 얼마나 위대해 질 수 있는지 절로 경외감이 들었다. '화해를 위한 살인피해자 유가족 모임'에는 사형수 가족들도 함께하고 있었다. 설사 가해자라 하더라도 국가의 제도에 의해 사형이 집행되었다면 이들 역시 살해피해자로 인정되고 있었다. 그렇기 때문에 사형수 가족들도 모임의 정회원이 되었고 피해자가족과 사형수 가족이 함께 힘을 모아 사형제도 폐지를 위한 활동을 하고 있었다.

용서와 화해

희망여행의 핵심은 무엇보다 피해자 유가족과 사형수 가족의 용서와 화해의 과정일 것이다. 일본인 작가 사카가미 가오리는 1996년 미국 동부의 버지니아 주에서 있었던 희망여행에 참가한 후 자신의 체험을 바탕으로 쓴 희망여행에서 "피해자 유가족과 사형수 가족의 다양한 목소리를 되도록 있는 그대로 받아들이자"는 생각으로 취재를 하였다고 했다. 나 역시 자신을 사랑한 사람을 죽인 범인을 용서한다는 것이 정말 가능한 것인가? 어떤 과정을 거쳐 그것이 가능할까? 라는 의문이 있었다. 그리고 한국에서 희망여행에 참가한 고정원님의 체험과 미국 피해자들의 체험은 어떻게 같고 어떻게 다를까? 라는 의문도 있었다.

또한 한국에서 의문사진상규명활동, 군의문사진상규명활동, 과거사진상규명활동에 직·간접적으로 참여하며 유가족들의 아픔과 분노를 옆에서 지켜보고 조사를 통해 진실을 밝혀보고자 했던 나의 활동경험에서 용서와 화해는 어떻게 이루어질 수 있는지 항상 머릿속을 떠나지 않는 관심사였다.

희망여행 프로그램에 참가한 첫날밤에 피해자 가족이면서 사형수 가족이었던 씨씨여사가 고정원님에게 했던 말은 지금도 귀에 생생하다. "당신은 가해자와 가해자 가족들을 용서해야 합니다. 용서할 때 마음이 치유될 수 있습니다. 피해자 가족들은 용서로 치유된 후 또 다른 피해자 가족을 돕기 위해 나서야 합니다. 세상이 유지되는 한 피해자들은 계속 생겨나기 때문입니다." 그리고 "피해자는 자식, 손녀들에게 너의 부모는 살해되었다고 떳떳하게 말할 수 있지만 가해자의 가족들은 자식, 손녀들에게 아무런 말도 할 수 없고, 피해자 가족은 정부, 시민사회, 가족, 이웃들에게 도움과 위로를 받을 수 있지만 가해자 가족들에게는 비난만 돌아온다."며 피해자와 가해자의 입장에 대해 깊은 고민을 할 수 있도록 해주었다.

그리고 〈희망여행〉 책에 나오는 "가해자가 일을 해서 그 수입을 피해자 유가족의 생활비로 충당하거나 회복을 돕는 비용으로 쓰면 좋겠어요. (중략) 아내의 죽음에 대해 위로금도 주지 않았어요, 상담이나 심리요법도 유가족에게는 필요해요, 피해자의 보상과 교육 프로그램에 역점을 두는 것이 범죄자를 낳지 않는 사회로 이어진다고 생각해요. 만약에 범죄자를 죽이는 방법뿐이라면 우리 피해자는 무엇을 얻을 수 있나요? 범죄자를 살리면서 사회에 공헌하게 하는 방법이 있을 거예요. 하수구에 돈을 버리는 짓은 그만두고 유리 유가족들을 구제해 주길 바랍니다."라는 피해자의 절규는 피해자들이 무엇을 바라고 무엇을 필요로 하는지를 잘 보여주고 있다.

그러나 피해자 가족들의 체험을 들어볼 때 용서의 과정은 그리 쉽지 않은 것으로 보였다. 시간도 많이 필요하고 절망으로 바닥을 치고 난 후에야 자신을 보듬으며 치유하는 과정이 용서의 과정이었다. 용서의 과정은 짧으면 1년에서 길게는 10년이 넘는 과정이었다. 희망여행을 제안하고 1993년부터 희망여행을 실행했던 빌 페르케의 경우도 자신의 할머니를 살해한 소녀들을 사건발생 1년 2개월 후까지도 법정에서 검찰증인으로 나가 피고를 사형시켜달라고 단호하게 말했고 피고의 사형이 유가족에게 부과된 당연한 권리하고 여겼다고 했다. 고정원님 역시 "2003년 10월 9일, 내 삶은 한동안 이 시간에서 한 걸음도 나아가지 못했다. 바로 사랑하는 어머니와 아내, 4대 독자 아들까지 온 가족이 한꺼번에 내 곁을 떠난 날이기 때문이다. 잊으려 해도 아비규환과 같던 사건 현장이 수시로 떠올라 세상 모든 것과 절연케 했다. 친척도, 친구도 아무도 만나지 않았다." '내가 왜 살아야 하나? 이렇게 목숨을 부지해야 하나?' '이런 세상이라면 살아서 무엇하리.' 내 몸은 저도 모르게 다시 한강을 내려다보며 다리 위에 서있었다는 체험담은 정말 용서가 얼마나 힘든 일인지 잘 보여준다.

증오와 분노가 신체에 악영향을 미친다는 것은 의학적인 연구에서도 이미 밝혀졌다고 한다. 피해자 자신의 몸과 마음이 치유받기 위해서는 용서가 필요한 것이다. 그러나 용서에는 계기가 필요하다. 빌 페르케는 할머니를 살해한 폴라가 사형판결을 받자 폴라의 할아버지가 "내 귀여운 손녀가 죽게 돼요! 손녀가 죽는단 말이에요"라는 절규를 듣고서 "할머니는 사형을 바라실까? 폴라를 사랑하는 할아버지를 괴롭히는 일을 할머니가 바라실까?" 라는 묵상을 하다가 "할머니는 늘 성경을 읽으시고 용서를 믿었던 분이야, 할머니라면 폴라가 사형당하기를 바라기는커녕 동정하고 눈물을 흘리며 용서하셨을 거야" 라는 답을 얻자 "믿을 수 없겠지만 갑자기 천사가 나타나 어깨에 내려앉은 듯 한 느낌이었다"고 하였다. 그리고 고정원님도 한강다리위에 선 순간 "그런데 이를 기적이라고 해야 할까. '이왕 죽는 것, 유영철을 용서하고 죽자'는 목소리가 내 몸 어디선가부터 흘러나오기 시작해 점점 강해지기 시작했다. 그 길로 발길을 돌렸다. 이후 나는 정말 모든 게 생소한 딴 세상으로 건너왔다. 60년 넘게 살아오며 한 번도 생각조차 않았던 세상을 살기 시작한 것이다. 유영철을 살려달라는 탄원서를 쓰다니…. 꿈에도 상상치 못할 일이었다."고 회고하였다.

용서에는 종교적 힘이 반드시 수반되는지는 모르겠으나 도움이 되는 것은 사실인 것 같다. 살해피해자 유가족모임인 MVFR에 가입하여 사형제도 폐지를 위해 노력하는 사람들 모두가 완전히 용서했다고 확신할 수는 없지만 적어도 일반인들의 상식을 뛰어넘는 치유와 용서의 과정을 거쳐 화해를 위해 노력하는 사람들일 것이라는 확신이 든다.

그러나 아직도 화해가 잘 정리되지 않는 부분이 있다. 〈희망여행〉 책에도 "사건 내용이 살인에 이르는, 돌이킬 수 없이 심각하고도 복잡한 것일수록 마음의 진폭도 격렬할 것이며 사실을 사실로 받아들이기까지 시간이 걸릴 것이다. 가해자를 잡지 못해 미궁에 빠진 사건의 경우에는 사실이 밝혀지지 않았기 때문에 더욱 어려울 것이다"라는 내용같이 사실이 밝혀지지 않은 사건을 겪은 피해자 가족들의 문제이다. 최종길교수사건, 인혁당사건 등은 국가권력이 개입하여 수십 년간 진실이 은폐되었던 사건들이다. 군의문사 역시 군복무 중 사망한 사건들로 수사결과를 믿지 못하고 진상규명을 요구하는 사건들이다. 그리고 과거사진상규명을 요구하는 사건들이 대부분 진실이 밝혀지지 않은 상태에서 진실을 요구하는 사건들이다. 그렇다면 이런 피해자들에게는 어떤 과정의 치유, 용서, 화해가 필요한 것인가?

이번 희망여행을 참여하면서 나름대로 답을 얻은 것이 있다면 무엇보다 치유과정이 필요하다는 것이고 피해자의 치유를 위해 국가와 시민사회가 적극 나서야 한다는 것이었다. 가해자들이 먼저 반성하고 용서를 청했을 것이라는 나의 선입견은 여지없이 무너졌다. 피해자들의 가해자에 대한 용서가 선행되었다. 그러나 용서의 과정은 피해자에게는 매우 고통스러운 과정이었고 피해자가 스스로를 위로하는 과정이었다. 용서라는 위대한 과정에서 위로받고 힘을 얻은 피해자들은 가해자에게 먼저 손을 내밀고 진정으로 화해할 수 있었던 것이다. 용서는 치유의 과정에서 가능하므로 피해자들에게 필요한 상담, 치료, 보상, 진실규명 노력이 선행된다면 용서가 가능해질 것이고 궁극적으로는 화해로 이어질 것이다. 은폐된 진실을 밝혀내서 가해자들에 대한 처벌을 통해 피해자들의 한을 풀겠다는 방식으로는 화해가 이루어지기 어렵다고 생각되었다. 먼저 피해자 가족들을 보듬고, 피해자 가족들이 정신적 충격으로 벗어나도록 상담과 치료시스템을 갖추고 자신을 치유할 수 있도록 해야 할 것이다.

_ 격월간 〈공동선〉, 2008년 03 · 04월호

대학생 고금리 학자금 융자에 대해

아무리 생각해도 잘못된 정책이라는 생각이 듭니다.

돈도 못 버는 대학생들에게 연리 6.5% 정도의 고금리로 학자금을 융자해 준다니 이거야 정부가 학생들을 상대로 돈놀이를 한다는 생각이 듭니다.

솔직히 대학 학자금이 너무 비싸다는데 이견이 없고 낮추어야 한다고 생각할 것입니다. 그런데 학생들에게 학자금을 빌려주면서 이런 엄청난 이자를 받는다는 발상이 어떻게 나왔고 이런 정책이 집행되고 있는데 왜 반발이 없는지 신기하기만 합니다.

적어도 제가 아는 상식으로 근로자는 1%의 이자로 학자금 융자를 받습니다. 공무원과 군인들의 경우(자녀도) 무이자로 학비를 대출해 줍니다. 신이 내린 직장들(공기업 등)은 학자금을 복지후생 차원에서 그냥 지원해 줍니다. 그런데 미래 사회를 이끌어 갈 일반 대학생들에게 고금리로 돈을 빌려주다 보니 학생들이 이 돈 갚으려고 아르바이트하고 돈 버느라 정신이 없어 최우선이어야 할 공부를 제대로 못하고 있다고 합니다.

이 문제에 대한 조사와 정책마련이 필요하다고 생각됩니다. 대학생들에게 너무 많은 짐을 지우는 사회가 되어서는 안 된다고 생각합니다.

독일이나 서유럽처럼 다수의 학생들이 국비로 학교를 다닐 수 있는 상황은 기대도 하지 않겠습니다. 하지만 자본의 논리만 횡행하여 고금리로 학생들의 미래를 저당 잡는 이런 것은 바꾸어야 한다고 생각합니다.

_ 2007.07.12.

6월항쟁과 김승훈 신부님

지난 5월 18일 저녁, 명동성당에서는 6월항쟁 20주년 기념미사가 있었습니다. 광주 원혼들의 한이 27년이 지난 지금도 풀리지 않은 듯 아침부터 비가 내리더니 저녁 6시를 전후해서는 천둥 번개와 함께 장대비가 내렸습니다. 한 시간 후면 20년 전 6월 민중항쟁을 기념하는 미사가 시작될 텐데 이렇게 비가 많이 오면 신자들이 참석하는데 큰 지장을 주지 않을까 염려도 되었습니다.

그러나 명동대성당은 미사시작에 맞춰 신자들로 꽉 채워졌습니다. 그리고 20년 전 오늘 바로 이 자리에서 있었던 광주민중항쟁 7주기 미사에서의 숨 막혔던 상황이 강론과 미사자료집을 통해 공개 되었습니다. 고 김승훈 신부님을 통해 '박종철 군 고문치사사건의 진상이 조작되었다'는 내용의 천주교정의구현전국사제단의 성명이 발표되기까지의 과정이었습니다.

미사에 참여한 천여 명의 신자들은 당시의 상황을 회고하면서 사제단의 고문치사 진상조작에 대한 예언자적 외침과 죽음을 무릅쓰고 박종철 열사의 죽음에 대한 진실을 제보했던 한재동 교도관에게 진심에서 우러나오는 감사의 박수를 보냈습니다. 또한 신앙인으로서 그때 사제단과 함께했던 자신들의 모습을 기억하며 삶의 각오를 다시 하는 시간이었습니다.

87년 6월항쟁은 우리 사회에서 군사독재를 몰아냈습니다. 헌법을 새롭게 개정하여 국민이 직접 대통령을 선출하는 대통령 직선제를 우리 사회에 확립시켰습니다. 그리고 정치적 자유와 민주주의를 확장시켰습니다. 개정된 헌법에 의해 네 번의 대통령선거가 있었고 군사쿠데타의 위협도 사라졌습니다. 그러나 무언가 개운치 않습니다. 군사독재를 몰아내고 민주화가 되면 좋은 세상이 될 것이라고 생각했는데 현실은 그런 것 같지 않습니다. 10년 전 IMF라는 국가적 재난을 불러와 국민들에게 심판받고 물러난 세력들이 잃어버린 10년을 운운하며 민주화세력들이 무능해서 나라를 망치고 있다고 주장합니다. 그러나 이에 맞서 시시비비를 가리고 수구보수세력의 진면목과 의도를 드러내고자 하는 양심적이고 예언자적 집단을 찾기가 쉽지 않습니다. 이런 때 과연 김승훈 신부님께서는 어떻게 하셨을까 라는 생각을 해봅니다. "하느님께서 다 알아서 해 주실거야"라는 생전의 정겨운 소리가 들려오는 듯합니다. 그러면서 20년 전 고문치사 성명발표를 앞두고 하느님께 매달렸을 한 사제의 고뇌를 아주 조금은 이해할 듯합니다.

지난 20년을 돌아볼 때 민주화는 이룩했지만 공동선은 실현하지 못했다는 생각을 합니다. 경제적 민주주의에 뒷받침 되지 못한 정치적 민주화의 한계가 결국 양극화의 심화로 귀결되었고 국민들에게 민주화세력에 대한 실망을 준 것도 사실인 것 같습니다. 그러나 반면 수구세력이 계속 집권했다면 지금 우리 현실보다 더 나아지지는 않았을 것이라는 확신도 듭니다. 정치적 민주화는 고사하고 훨씬 더 급속하고 심각한 양극화가 오래 전 우리 사회에 전개되었을 것이기 때문입니다. 그나마 지금은 많이 실현된 인권과 민주주의조차 더욱 후퇴했을 것이기 때문입니다.

6월항쟁과 공동선에 대해 생각해 봅니다. 정치인, 경제인, 지식인, 법조인, 종교인 등등이 6월항쟁의 정신을 계승하며 사회적 책임을 다하기 위해 노력한다면 우리 사회의 공동선의 실현은 커다란 진전이 있을 것입니다. 지금처럼 정치인은 권력만 탐하고 경제인은 부의축적에만 관심을 갖고 지식인은 명예를 얻는 데만 급급한다면 사회정의와 공동선의 실현은 멀어질 것입니다. 그러면서 먼저 신앙인들이 사회적 책임을 다하기 위해 나서고 다른 집단과 세력들에게 공동선의 실현을 위한 사회적 책임을 다할 것을 촉구하는 것이 6월항쟁의 정신을 살리는 길이 아닌가 묵상해 봅니다.

_ 기쁨과희망연구소, 2007.06.

텃밭을 가꾸기 시작했습니다

요즈음 생명과 평화에 대해 많은 생각을 합니다. 참여정부는 새만금과 주한미군 전략적 유연성과 한미FTA를 처리하는 과정에서 바닥이 들어나고 있습니다. 물론 현실적으로 어떤 방안이 있었을까? 하는 고민에서 더 나은 대안을 내놓을 자신은 없습니다. 그러나 적어도 원칙과 지향이 있다면 과정과 절차를 그렇게 처리하지 않았을 것이라는 확신(?)은 듭니다. 이렇게 큰 차원의 문제를 저의 개인적 시각으로 재단하고 판단하기는 매우 어렵다는 생각도 듭니다. 그래서 제가 지금 당장 할 수 있는 일이 무엇일까? 생각해보다가 예전부터 해보았으면 했던 텃밭 가꾸기를 시작했습니다.

10평이 약간 넘는 땅을 1년간 10만원에 임대받아서 농사를 짓는 일입니다. 땅은 저희 집 주변에 있어 매우 편합니다. 어제는 밭을 갈고 퇴비를 사다가 뿌렸고 오늘은 상추와 쑥갓, 부추 그리고 감자를 심었습니다. 4월에는 치커리, 들깨 등등을 심을 계획입니다.

평소 안하던 일을 해서인지 몸이 뻐근합니다. 그래도 재미는 솔솔합니다. 아이들과 함께 씨뿌리고 싹이 돋아날 때를 생각하니 왠지 기분이 좋습니다. 〈생태도시 아바나〉라는 책을 읽으면서 도시

농업과 유기농업에 대해 생각해보았습니다. 하지만 우리나라의 실정과 쿠바의 상황이 매우 다르고 유기농에 대한 우리국민의 수준이 매우 높다는 생각이 듭니다.

땅을 갈면서 텃밭농사를 짓는 이웃들과 이런 저런 대화를 나눕니다. 동네약국의 약사, 이웃아파트의 어르신, 30대 초반으로 보이는 남자, 60대가 넘어 보이는 아주머니 등등과 인사하며 서로 농사정보도 교환합니다. 다들 무슨 생각으로 텃밭 가꾸기를 하는지는 모르겠지만 아마도 저와 비슷한 생각일 것이라는 느낌은 듭니다.

보름에서 한 달 정도가 지나면 오늘 뿌려놓은 씨앗들의 싹이 돋아나겠지요. 벌써 마음이 설레입니다. 올해는 욕심 안 부리고 파종에서 수확까지 과정을 공부해 볼까 합니다. 그리고 힘들게 일은 하지 않고 재미로 할까 합니다.

_ 2006.03.26.

백수로 세상 살기

이제 백수 생활도 8개월째 접어들고 있다. 요즘 주변에서 가장 많이 듣는 이야기는 "무슨 일하며 지내요?", "뭐 먹고 살아요?" 등의 질문들이다. 때로는 답변하기 곤혹스러워서 그냥 잘 지내고 있다고 얼버무리기도 하고 대학원 공부 열심히 하고 있다면서 직답을 피하기도 한다.

이런 질문을 나에게 던지는 사람들은 대부분 함께 활동했거나 나를 신뢰하는 사람들이다. 그런데도 선뜻 지금 무엇을 준비하고 있고 어떤 생각들을 정리해 나가고 있다는 속내를 내보이기는 쉽지가 않다. 지난해 말에 있었던 당혹스런 체험이 나를 더욱 조심스럽게 만들고 있는 것 같다.

백수가 시간이 많을 것 같지만 실제는 그렇지도 않다. 나는 가끔 '백수과로사'라는 농담을 주변 사람들에게 던진다. 참석해야할 모임과 행사가 왜 그리도 많은지 그리고 만나야 할 사람, 만나고 싶은 사람이 왜 그리 많은지 다이어리를 펴놓고 일정을 조정하며 씨름하다 보면 "왜 그렇게 살고 있는데?"라며 스스로에게 자문하곤 한다.

게다가 뒤늦게 시작한 공부에 충실하게 되면 시간의 부족함이 더욱 안타깝기만 하다. 그래! 이제는 공부를 최우선으로 하고 각종 모임참여를 줄이고 꼭 필요한 행사가 아니면 참석하지 말고 사람들 만남도 줄이자고 스스로 몇 번이나 다짐을 하지만 이 역시 쉽지 않다. 많은 지인들이 내가 힘들고 어려운 상황에 처해 있을 것이라고 생각하며 위로와 용기의 말을 나에게 전한다.

그런 말을 듣게 되면 다시 한 번 나의 존재조건과 처한 상황에 대해 다시금 진지하게 생각해 보는 성찰의 시간을 갖게 된다. 80년대, 대학에 들어가서 접한 광주에서의 민간인학살과 군부독재의 만행에 맞서고자 학생운동을 하면서 다짐했던 나의 삶, 90년대 빈민지역에 들어가 살면서 꿈꾸었던 삶 그리고 천주교사회운동단체들에서 활동하면서 다짐했던 삶들을 돌아보면서 그때와 지금의 상황을 비교해 본다.

지금 내가 전보다 어렵고 힘든 삶을 살아가고 있는가? 답은 전혀 그렇지 않다는 것이다. 역사와 민중을 위한 희생만을 고민하던 삶에서 사회의 변혁과 개혁을 염두에 두면서도 나를 중심으로 생각하고 내가 하고 싶은 일을 꿈꿀 수 있다는 것만으로도 충분히 행복하다. 백수 생활의 기간이 늘어가면서 생존의 문제가 나를 강하게 압박해 온다. 어쩌면 지인들의 걱정은 나도 모르게 표출되는 나의 모습의 반영일지도 모른다.

갈수록 일자리 찾기가 힘들어지는 세태에서 특별히 돈벌 재주도 없는 사람이 경제적 삶을 영위해 가는 것이 쉽지 않을 거라는 우려에서 비롯되었을 것이다. 그러나 한편으로는 마음을 편하게 먹고 싶다. 요즘 평균수명이 70~80세라고 한다. 이제 삶의 반을 약간 더 살았는데 나머지 반을 보다 의미 있고 가치 있게 살기 위해 투자하는 기간이라고 생각하고 싶다.

지금 당장은 어렵고 힘들더라도 삶의 나머지 반을 멋있게 계획하고 꿈꿀 수 있다면 지금 백수 생활은 하느님께서 보내주신 또 다른 선물일지도 모른다.

비록 마음은 바쁘고 생활은 어렵지만 희망찬 내일을 기약하며 하루하루 최선을 다하며 살고자 한다.

_ 격월간 〈공동선〉, 2005년 05 · 06월호

레이니 쿠싱의 교훈

얼마 전 사형폐지를 위한 행사가 국회의원회관에서 있었습니다. 사형폐지범종교연합에서 이번 정기국회에서는 반드시 사형제도를 폐지하겠다고 준비한 대규모 행사였습니다. 레이니 쿠싱은 미국에서 온 사형폐지 전문가였습니다. 15년 전 자신의 아버지가 총기 살해된 피해자 가족이었습니다. 피해자 가족이 사형폐지에 앞장선다는 것은 신선한 충격이었습니다. 그는 피해자 가족모임을 결성하여 사형폐지운동을 하고 있었습니다.

머리로는 이해가 가지만 현실로 인정하기에는 쉽지 않은 일이었습니다. 사형폐지에서 최고의 어려움이 바로 피해자가족의 요구와 분노이기 때문입니다. 소위 국민의 법감정, 인과응보 등등이지요. 저에게 더욱 충격을 준 것은 범죄피해자들에 대한 국가의 책임을 지적한 것이었습니다. 범죄피해자들의 권리와 국가의 책임을 분명히 하는 것은 가해자에게만 책임을 돌려 처벌하고 국가와 사회는 나 몰라라 하며 피해자가족의 아픔을 어루만지지 않는 우리의 현실이 보였습니다. "가해자를 사형시키면 피해자가 살아 돌아옵니까? 피해자 가족의 아픔이 줄어들까요?" 라는 그의 말이

자꾸 귓가에 맴돕니다. 국가공권력에 의한 피해자에 대해 시민단체들이 귀 기울이고 도움을 주기위해 노력하지만 일상에서 발생하는 살인피해자 및 범죄피해자들을 위해 우리 사회가 어떤 노력을 하고 있는가? 생각해 보니 정말 할일이 많다는 생각이 절로 들었습니다.

범죄피해자들의 권리를 분명히 하고 그들의 정신적 고통과 경제적 배려를 국가와 사회가 무시해서는 안 될 것입니다. 범죄로 부모를 잃은 아이들의 삶이 하루아침에 어떻게 바뀌는가를, 범죄로 가장을 잃은 가족이 겪게 될 고통에 대해 깊게 생각해 보지 못한 저의 인권의식이 매우 부끄러웠습니다. 그리고 한편 우리 사회는 아직도 갈 길이 멀고 할일이 많다는 생각이 들었습니다. 일상의 사소한 일이 많은 사람들의 인생을 바꾸고 있었습니다. 레이니쿠싱과 1박 2일을 보내면서 참으로 많은 교훈을 얻었습니다.

_ 2004.12.02.

천주교사회운동과 교회

천주교사회운동의 동력과 한계

천주교사회운동(이하 천사운)은 노동, 농민에 대한 교회의 관심과 제2차 바티칸공의회 이후 만들어진 천주교정의평화위원회(1969)와 천주교정의구현전국사제단(1974)의 시대적 요구에 부응하는 예언자적 실천에 힘입어 각성된 신자 중심 단체들로 천주교사회운동협의회(1984)가 탄생하면서 본격화되었다고 할 수 있다.

가난한 자에 대한 교회의 관심, 천주교정의평화위원회로 모인 변호사 교수들의 전문성, 사목자 예언자로서 나선 신부들의 양심과 도덕성, 부문단체에서 성장한 평신도 지도자들의 헌신성 등은 천주교사회운동의 중요한 구성요소가 되었고 이러한 능력들이 상호 교류되고 소통되면서 70~80년대 민주화운동에서 천사운은 많은 역할을 수행할 수 있었다.

민족, 민중, 민주주의라는 사회운동의 목표는 천사운의 사회복음화 과제와 일맥상통하여 천주교내의 노동, 농민, 빈민, 문화, 청년 · 학생 등의 부문조직이 활성화되었고 군사독재의 종식과 민주주의 실현이라는 투쟁목표를 위하여 연대하고 조직적 결합력을 강화할 수 있었다. 이는 부산 · 광주 · 인천 등의 지역천사협 건설과 지역천사협과 지역사제단, 지역정평위와의 공동실천에서도 확인할 수 있다. 이렇듯 천사운은 부문과 지역에 기반한 천주교대중운동이었으며 정의평화위원회, 정의구현사제단, 천사협이 소통하고 교류하며 사회복음화를 위해 실천한 운동이었다.

그러나 1987년 군사정권이 종식되고, 제도교회의 보수화가 급격히 진행되면서 교회 내 단체들(학생, 청년, 정평위, 가농, 가노청)에 대한 간섭과 영향력 확대 및 전국조직 해체 시도 등은 교회쇄신의 문제가 전면화되는 계기가 되었다. 그러나 이에 대한 대응이 제대로 되지 못했고, 발제자가 제기한 것처럼 "교회쇄신의 과제가 더욱 절박한 과제로 부각되기 시작한 것은 교회의 보수화가 가시화되면서부터 (중략) 천사운이 겪고 있는 오늘의 혼란과 위기는 이러한 시대변화에 적극 대응하지 못했기 때문"이라는 지적은 옳다고 보여진다.

결국 교회쇄신의 과제에 대한 노력부족, 실천결여가 오늘의 현실을 만들었다고 볼 수 있다. 이러한 과정에서 학생 · 청년들은 교회에 실망하여 교회를 떠나고 전문가와 활동가들은 시민사회단체로 자리를 옮겨가게 되면서 천사운의 동력은 떨어지게 되었다. 또한 사회복음화 과제에서 나타났던 교회의 관심, 성직자, 전문가, 활동가의 연대와 소통은 약화되었다.

천사운의 새로운 흐름들

1987년 6월항쟁과 노동자대투쟁 이후 우리 사회는 급격히 변화하고 있다. 군정종식, 수평적 정권교체, 참여정부 등장이라는 정치적 대격변을 거쳤고, 시민운동의 성장, 민노당의 제도권 진입, 지방자치제도 확산, 인터넷의 발전과 정보통신혁명 등으로 사회적 의제와 이슈들은 다원화되었고 운동의 영역 또한 세분화 다양화되었다.

천사운 내에도 여성, 인권, 평화, 생명, 공동체, 기금운동 등 다양한 영역들이 새로이 등장하였고 발제자의 지적대로 남녀수도회의 사회사목 활성화도 두드러진 특징이라고 보여진다. 제도교회 내의 정평위부터 사제단, 천정연, 여성·평화 등 전문운동 영역과 수도회에 이르기까지 다양한 성격의 단체들이 사안별로 연대하고 네트워크를 강화시켜 나가고 있다.

교회쇄신 주도역량 마련이 시급하다

사회의 다원화와 형식적 민주주의의 진전으로 운동의 영역들이 분화·발전하면서 수구기득권세력과 변화와 개혁을 바라는 세력의 대결이 다양한 분야에서 한층 심화된 형태로 표출되고 있다. 정치, 경제, 언론, 교육, 문화, 종교영역에서의 대립과 갈등은 기득권 옹호에 맞서 개혁입법의 마련으로 극복해야 하는 상황에 이르렀다. 최근 사립학교법, 언론개혁법, 과거청산법, 국가보안법 소위 4대 개혁입법 등은 이를 잘 표현해주고 있다.

기득권 세력의 근거지들에서 이러한 변화의 흐름이 보여지고 있지만 천주교내의 교회쇄신 흐름은 교회 내에서 찾아보기 어렵다. 얼마 전 대구 팔공산 골프장, 꽃동네 문제 등이 '시민의신문'과 '오마이뉴스'에서 심층적으로 다루어졌으나 교회 내의 반응과 관심은 여타 사회적 이슈들에 비해 매우 떨어졌다. 왜 이런 문제가 발생하는가?

사회복음화 문제에 대해서는 각 부문·영역별로 준비되어 있는 단위가 존재하지만 교회쇄신의 문제에 대해서는 중심단위가 없기 때문이다. 보수적 신앙관을 갖고 있는 혹자의 지적처럼 "교회의 물적 · 인적 자원을 동원하여 사회문제에 동참하는데 목적을 두는 외피론자들이 교회의 문제에 화살을 돌리기 싫어하기 때문"은 아닌가? 교회는 갈수록 보수화 되어가고 있다. 진보적이고 개혁적인 성향의 신자들은 교회를 떠나고 있다. 이번 사제들의 의정부교구 지원 사례에서 보듯이 젊은 성직자들도 보수화로 치닫는 교회에 대한 문제의식을 잘 보여주고 있다. 최근 평협에서조차도 제도교회와의 마찰이 심화되고 있다고 한다. 우리는 어떠한 교회의 모습을 원하는가? 과거사에 대한 교회의 자기반성은 2000년 희년의 문건으로 모두 마무리 된 것인가? 봉건적 위계질서에 입각하여 로마보다 더 로마 같다는 한국교회를 이대로 두고 보기만 할 것인가? 최근 개신교 거대교회들이 보수의 온상이 되어 개혁에 반대하는 집회를 열고 수구기득권 세력과 결탁하는 모습이 과연 남의 일이기만 한가? 교회쇄신을 위한 중심단위와 동력마련이 무엇보다 시급한 과제이다.

사회복음화를 이유로 교회쇄신의 과제를 계속 외면한다면 천사운에 교회대중은 없고 단체이름과 사무실만 남는 기구로 전락할 수밖에 없을 것이다. 추기경님의 정치적 발언에 대해 언제까지 그분의 한계만을 탓하고, 수많은 교회신자들이 자신도 모르게 정치적 성향과 생각이 바뀌어 가는 것을 지켜만 볼 것인가? 이미 중산층화 되었으니 어쩔 수 없다는 생각은 잘못된 것이다. 교회에 실망하고 떠난 사람들이, 반성하고 변화하는 교회에 희망을 느끼고, 다시 교회로 돌아와 우리교회가 하느님나라 건설에 앞장서도록 해야 하는 것이 천사운의 시급한 과제이다.

_〈천주교사회운동의 현황과 전망 포럼〉 토론문, 2004.11.

김승훈 신부님 부고를 접하고

오늘 오전 신부님의 부고를 접하고 아득하기만 하였습니다. 도저히 믿기지 않는 소식에 제 귀를 의심할 수밖에 없었습니다. 이번에 인도네시아 다녀오시면 가을에는 본당으로 나가실 것이라고 말씀하시던 신부님께서 돌아가셨다니 믿어지지 않았습니다. 그동안 뵌 지가 오래되어서 이달에는 꼭 한번 찾아뵙겠다고 여러 사람들과 약속까지 잡아놓았었는데 왜 좀 더 일찍 찾아뵙지 못했나 스스로를 질책하게 됩니다. 신부님 당신은 우리 사회의 민주주의와 인권, 사회적 약자의 커다란 기둥이셨습니다. 온갖 어렵고 험난한 시절에도 당신을 찾는 모든 사람들을 따뜻이 대해 주시고 진심으로 그들과 함께하시려는 당신의 모습은 그리스도와 닮은 모습이셨습니다. 신부님! 이제 다시는 못 오실 길을 왜 그리도 서둘러 가셨나요? 아직도 당신을 필요로 하는 사람들이 너무도 많은데… 이제 그 모든 짐을 훌훌 털어버리시고 편히 떠나십시오. 남은 저희들이 당신 몫을 나누어지도록 열심히 살아가겠습니다. 이제 주님의 품안에서 영원한 안식을 누리시길 빕니다.

_ 2003.09.02.

국방부는 언제까지 성역으로 남을 것인가?

대통령직 인수위원회의 구시대적 발상에 분노보다는 슬픔을 느낀다. 인수위원회 대변인실은 지난 9일 '국민제안센터'에서 1월 10일부터 25일까지 국민인사제안을 접수한다고 발표하였다. 국민인사제안을 접하고 과거의 정권과는 뭔가 다른 모습을 보이기 위한 노력과 국민을 국가의 주인으로 세우기 위해 노력하는 자세에 뜨거운 갈채를 보내고 싶다.

그러나 "국방부장관을 제외한 장관직 18명에 국한하여 국민인사제안 접수" 받으며 "국방부장관의 경우 군의 정치화 우려 등을 감안하여 일단 배제" 한다는 방침을 접하고 아연실색하지 않을 수 없었다. '군의 정치화' 우려 때문에 국방부 장관은 국민인사제안에서 제외한다는 논리는 시대착오적 발상이기 때문이다.

아마도 인수위에서는 국방부장관은 반드시 군 출신 인사가 맡아야 한다는 대전제가 공유된 것 같다. 왜 학자 출신이나 정치인이나 법조계 등 여타 명망있는 인사가 국방부 장관의 물망에 올라서는 안 되는지, 그런 가능성을 원천적으로 차단하는지 대체 이해할 수가 없다. 더 이상 군이 우리 사회의 성역이 되어서는 안 된다.

대통령소속 의문사진상규명위원회가 허원근일병사건의 진실을 밝혔을 때 국방부의 태도가 어떠했던가? 그리고 군에서 의문사한 유가족들이 진상규명과 명예회복을 요구하며 국방부 앞에서 철야 농성을 하며 국방부장관 면담요청을 했을 때 국방부의 태도가 어떠했던가?

또한 한물간 F-15K 전투기를 도입하기 위해 5조원이라는 천문학적 국민세금을 쏟아 부으려 할 때 군 내부 고위 장교의 양심선언에 대해 국방부가 어떤 태도를 보였는지를 기억할 때 군이 더 이상 우리 사회의 성역으로 남아서는 안 된다는 것이 과연 필자만의 생각이었을까? '군의 정치화' 우려라는 것은 인수위조차 국방부장관은 반드시 군 출신 인사가 되어야 한다는 구시대적 통념이 지배하고 있기 때문은 아닌가? 물론 아직도 70만 대군을 이끌고 있는 군 조직이 우리 사회에서 막강한 힘을 행사하고 있다. 그러나 군이 과거의 역사에서 보여준 군사쿠데타의 위험성은 이미 사라진지 오래다. 국민인사제안에 유독 국방부장관만을 배제하겠다는 것은 형평에도 어긋나고 변화하는 시대의 흐름에 역행하는 결정이다. 국민은 더 이상 군과 타협하며 군의 눈치를 보는 대통령을 원하지 않는다. 문민우위의 원칙을 확고히 해야 한다.

군이란 국민의 안전과 생명을 지키기 위해 존재하는 조직이다. 그러나 군이 본연의 임무를 망각하고 쿠데타를 통해 국정을 농단하고 지배엘리트를 자처했던 아픈 기억을 이제는 치유해야 한다. 그 방법은 군이 확보하고 있는 물리력과 막강한 기득권을 보장하며 달래는 것이 되어서는 안 된다. 잘못된 군사문화와 군지휘체계의 개혁을 통하여 실현해야 한다. 이것은 군에 대한 문민우위의 원칙을 확고히 뿌리내릴 때 가능한 것이다. 민간이 출신 국방부장관은 왜 안 된다고 생각하는가? 지금 이 순간에도 군에서는 꽃다운 젊은 생명들이 죽어가고 있으며, 수많은 병사들이 구타와 가혹 행위에 시달리고 인권침해를 당하고 있다. 인권보다 지휘권이 우선하는 현재의 군사법체계와 군조직 체계로는 달리 방도가 없는 실정이다. 21세기 새 시대를 열어젖힐 새 정부 인수위원회의 국방부장관 제외라는 시대착오적 발상에 분노보다는 슬픔이 앞선다. 아직 늦지 않았다. 국방부장관도 국민인사제안에 반드시 포함시키기 바란다.

_ 〈오마이뉴스〉, 2003.01.10.

투표권은 국민의 참정권이며 소중한 권리

최근 미국의 석학 하워드 진 교수가 쓴 〈달리는 기차에 중립은 없다〉라는 책을 읽으며 참정권에 대해 많은 생각을 할 기회를 가졌다. 자유와 권리가 가장 잘 보장된다는 미국에서조차 여성이 투표에 참여할 권리가 공식적으로 인정된 것이 80여 년에 지나지 않으며, 흑인들이 투표에 참여할 권리가 인정된 것은 50년이 지나지 않는다. 특히 이 책에서는 흑인들이 인종차별에 맞서 투표권을 얻기 위해 목숨을 건 처절한 투쟁의 역사를 잘 보여주고 있다.

선거인 명부에 등록하기 위해 장대비가 쏟아지는 대로에서 밥도 굶은 채 하루를 꼬박 서서 기다려야 했고, 이를 방해하고자 하는 백인들의 온갖 시도에 맞서야 했다. 흑인들은 투표권을 얻기 위해 체포, 연행, 투옥, 심지어는 죽음까지도 기꺼이 마다하지 않았다. 여성이 참정권을 얻은 역사도 그리 길지가 않다.

프랑스에서는 1789년 프랑스혁명이 일어난 해에 T. 메리쿠르와 R. 라콤브가 국민의회에 '정치상 남녀가 동권(同權)이어야 한다'는 건의를 하였다. 1790년 O. 구즈는 〈여성공민권의 승인에 대하여〉를 발표하여 여성의 정치적 권리를 주장하였고, 〈여성권리선언〉

을 루이 16세의 왕비인 마리 앙투아네트에게 제출하였다. 그러나 이러한 주장은 철학자 M. J. 콩도르세의 지지를 얻었을 뿐 다른 사람들의 호응을 얻지 못하였고, 국민의회에서도 받아들여지지 않았다. 그 후 메리쿠르는 미쳐 버렸고, 구즈는 '여성이 단두대에 오를 권리가 있다면 의정단상에도 오를 권리가 있다' 는 유명한 말을 남기고 단두대의 이슬로 사라졌다.

최초로 여성참정권이 인정된 것은 1918년 영국의 '국민대표법' 이며 이 법은 세계 각국에 영향을 미쳤으며 미국에서는 제1차 세계대전 후 연방정부의 헌법수정안이 상 · 하 양원을 통과함으로써 1920년 21세 이상의 여성은 남성과 동등한 참정권을 획득하게 되었다. 그러나 여성참정권을 최초로 인정한 영국조차 1928년에 이르러서야 전 여성에게 남성과 동등한 참정권이 부여되었다.

이에 비해 아시아 · 아프리카에 사는 대부분의 여성들은 제2차 세계대전 후 국가의 독립과 민주주의의 도입과정에서 투쟁 없이 참정권을 얻게 되었다.

우리나라의 경우도 제2차 세계대전의 종전과 함께 1945년 8 · 15광복을 계기로 1948년 제정헌법에서 남녀의 평등한 참정권이 인정되었다. 이렇게 투쟁 없이 참정권을 얻다보니 선거에 참여할 권리가 얼마나 소중한 권리이며 국민으로서의 자신의 권리를 행사함과 동시에 의무라는 사실을 망각하는 경우가 많은 것 같다.

오는 12월 19일은 제16대 대통령을 뽑는 날이다. 올해 있었던 6 · 13지방선거와 8 · 8재보선의 낮은 투표율은 선거에 대한 국민의 태도와 관심을 단적으로 보여주고 있다. 이는 물론 정치와 정치권에 대한 국민의 또 다른 심판의 결과 일 수 있다. 그러나 정치에 대한 불신으로 국민의 권리를 포기하게 될 때 그에 대한 책임과 대가는 그대로 국민에게 돌아오게 된다. 그러므로 "모든 국민은 공동선의 증진을 위하여 자유투표를 할 권리와 동시에 의무를 잊지 말아야 한다(사목헌장 75항)"는 교회의 가르침대로 소중한 권리를 행사하기 위해 적극 나서야 할 것이다.

_ 2002.12.11.

최근 선거국면에 대한 단상

오는 12월 19일에는 제16대 대통령선거가 치뤄진다. 올 봄에 있었던 민주당과 한나라당의 대통령후보를 뽑는 국민경선을 지켜보며 우리정치도 이제 한 단계 성숙하고 있다는 생각을 가졌었다. 7명의 후보가 나선 민주당과 4명이 나선 한나라당의 국민경선은 우리 정치사에 처음 시도된 일로 국민과 함께 호흡하기 위한 정치권의 새로운 시도였다. 특히 국민경선 과정에서 나타난 민주당의 극적인 역전드라마의 감동은 아직도 생생하다.

그러나 국민경선이라는 축제가 미처 끝나기도 전부터 민주당에는 경선불복이라는 어두운 그림자가 드리워져 있었다. 이는 6 · 13 지방선거를 계기로 전면화 되었고, 8 · 8재보선을 거치며 후보단일화 논쟁으로 전면화 되었다. 국민경선으로 뽑아놓은 당의 대통령후보에게 지방선거와 국회의원보궐선거의 패배에 대해 책임을 묻는 것은 일면 이해가 가는 측면도 있었지만, 다른 후보를 영입하여 단일화를 해야 한다는 것은 문제가 있는 것이었다.

무릇 선거란 정당이나 후보자가 정책과 공약을 국민에게 제시하고 이를 투표로 검증 받는 과정이다. 그런데 당에 입당절차도 거치지 않고 당의 정책과 노선에 대해 별반 언급이 없는 인사를 영입해서 선거에 이길 수 있는 가능성을 높여보는 발상은 승리 지상주의에 다름 아니다.

승리지상주의란 우리 현대사에 뿌리 깊이 박힌 고질병이다. 일제 시대의 친일파가 그랬고, 해방이후 미군정에 빌붙은 친미세력이 그랬고, 군사독재 정권에 기생한 비양심적 지식인과 관료들이 그랬다. 적어도 정의나 평화, 역사나 민족은 안중에도 없이 승리한 편에 붙어 일신의 영달만을 추구한 세력들이 심판받지 못한 현대사의 비극인 것이다.

대선을 앞두고 배신이 연일 계속되고 있다. 당의 노선과 정책을 반대하지만 집권당이라 어쩔 수 없이 기댔다가 승리의 가능성이 적어지자 빠져나가면서 '후보단일화'를 합창하고 있다. 솔직하지 못한 기회주의적 정치인들의 전형적인 작태를 보이고 있는 것이다.

하긴 이를 조장하는 것은 언론이다. 조중동으로 지칭되는 수구언론들은 당의 정강정책과 공약, 후보의 대선공약과 정책을 상세히 소개하고 국민들에게 올바른 선택을 하도록 유도하기는커녕 누가누가 합칠 것이며 누가 탈당할 것이라는 가십거리만 대서특필하며 국민의 알권리를 침해하고 있다. 심판은 국민이 하는 것이다. 언론이 의도하는 대로 선거가 진행되어서는 안 된다.

이미 한 후보가 압도적인 우세로 선거가 진행되고 있다는 여론조사를 발표하며 정당도 다르고 정책과 공약도 다른 후보들에게 서로 합치라고 유도하는 것은 차라리 이번에는 누가 당선가능성이 높으니 모두 그쪽으로 빌붙으라고 말하는 것이 솔직한 것 아닌가? 실제 이것은 엄청난 파장을 불러오고 있다. 마치 정책과 공약 그리고 향후국정운영방안에 대한 논의는 미뤄두고 빨리 합쳐야

타 후보와 견주어 볼 수 있다는 묘한 분위기를 연출하여 철새정치인들을 흔들어 탈당사태를 재촉하고 있다. 여기에 국민들조차 아무런 생각 없이 거들도록 하고 있다.

그러나 아직도 시간은 충분하다. 원칙과 조직을 분명히 하고 국민에게 공정하게 심판받을 준비가 끝난 후 선거의 승리를 위해 힘을 합칠 것인지를 논의해도 늦지 않다. 선거란 후보개인의 지지도가 아니라 국정을 끌어갈 집단인 정당과 후보의 정책과 공약에 대한 국민의 선택이기 때문이다. 지금은 모든 후보가 자신의 세력을 정당으로 세워내고 자신의 국정운영 비전에 대해 국민적 동의를 얻어나가는 과정이 되어야 한다. 즉 단일화는 선거막판의 전술적 선택인 것이지 원칙이나 전략의 문제는 아닌 것이다.

다만 한국 사회 특수성이 이번 선거에서 승리하는 것이 차지하는 비중이 단순히 전술적 차원이 아니라는 측면은 십분 고려되어야 한다. 전부 아니면 전무가 되는 잘못된 선거풍토에서 국가와 민족의 장래가 선거패배로 심각히 뒤틀릴 개연성이 충분하기 때문이다.

_ 2002.11.11.

의문사 진상규명을 바라며

의문사 진상규명 여기서 중단해야 하는가!

"감추어 둔 것은 나타나게 마련이고 비밀은 알려져서 세상에 드러나게 마련이다."(루가 8,17) 대통령소속 '의문사진상규명위원회(의문사위)'는 지난 9월 16일로 85건의 진정 및 직권 조사사건에 대한 조사를 종결하였다. 불충분한 조사기한과 수사 및 조사권한의 부족으로 진상규명 불능 판정이 난 사건이 기각(33건), 인정(19건)을 제외하고 30여건에 달했다. 이런 상황에서 법적 시한에 의거하여 조사활동을 중단한다는 것에 대해 과연 누가 동의할 수 있는지 모를 일이다.

최소한 접수된 사건에 대해서는 조사를 마무리하여 결론을 낼 수 있도록 해야 한다는 여론이 높았지만 국회 법사위는 '기한연장과 권한강화'를 보완한 '의문사법 개정안'을 심의조차하지 않았다. 공권력의 타살 의혹이 강력히 제기된 30건의 사건들이 무더기 '진상규명 불능' 판정을 받은 것은 국가정보원, 기무사령부, 법무부 등의 의문사 사건과 직·간접적 관련이 있는 기관들의 비협조에서 비롯되었다. 의문사위원회는 9월 16일 국회 법사위에 〈의문사특별법 개정의 필요성에 대한 의견서〉를 제출하였고 이 의견서에 "소환대상 참고인 500여명이 아무런 이유 없이 출석을 거부했으나 강제적인 조사권한이 없어 조사가 이루어지지 못했다"며 "위원회가 다루는 진정사건의 대다수가 십 수 년 전에 발생한 사건으로 자료가 소실돼 관계기관의 협조와 조사권한 강화, 조사기간 연장이 필수적이다"고 밝혔다.

결국 권한부족으로 의문사와 관련된 국가공권력의 조직적 방해공작을 돌파해 내지 못한 것이다. 마치 해방 후 친일잔재를 청산하기 위해 설치되었던 반민특위가 친일세력들과 그들이 포진한 권력기구들의 방해공작으로 목적을 달성하지 못했던 것처럼….

박정희의 정적이었던 장준하선생의 사인규명은 중앙정보부의 사찰기록을 입수하고자 했으나 국가정보원의 반발로 벽에 부딪혀 진상규명불능 사건이 되었고, 광주에서 변사체로 발견되었던 이철규 사건도 "심한 폭행 뒤 물에 던져졌다"는 법의학적 감정으로 타살정황이 포착되었지만 도주 당시의 행적이 불투명해 미제 사건으로 처리되었다. 그 외 이미 방송을 통해 수많은 의혹이 제기된 박창수(한진중공업노조위원장), 이내창(중앙대 총학생회장) 사건도 국가정보원의 조사불응으로 진상규명 불능으로 되었다.

이런 상황에서 어느 유가족이 국가와 국회를 신뢰할 수 있겠는가? 아직 의문사위원회가 해체된 것은 아니다. 단지 조사시한이 종결된 것이다. 지금이라도 국회에 제출된 법안이 국회를 통과하게 되면 의문사위원회는 다시금 활동을 재개할 수 있다. 그러나 유가족들의 피맺힌 절규에 귀 기울이고 국민여론을 두려워하는 국회가 아니고, 대통령선거 승리를 위해 국회의 입법기능을 외면하고 후보비리 감싸기의 돌격대로 전락하고 있는 국회로는 솔직히 희망이 보이지 않는다. 다만 지금이라도 국회가 국회본연의 임무를 다할 수 있도록 국민의 여론을 올바로 전달하기 위한 노력을 기울일 뿐이다.

어차피 감추어진 것은 드러나게 마련이고 비밀은 드러나 세상에 알려지기 마련이라는 성서말씀은 반드시 실현될 것이라는 희망을 잃지 않으며….

_ 2002.09.19.

내 안의 반인권적 생각

천주교인권위원회는 매주 월요일 인권 법률상담을 합니다. 평균하여 10~20명의 사람들이 상담을 위해 인권위를 찾아옵니다. 그리고 월요일이 아닌 평일에도 각종 민원성 사안들이 접수됩니다. 이를 합쳐보면 매월 60건 이상의 민원과 인권 법률상담을 하게 됩니다. 저는 월요일에는 변호사를 만나기 전 사전상담을 하며 평일에는 변호사가 상주하지 않는 관계로 직접 상담을 하게 됩니다. 인권위에서 상담업무를 담당한 지 1년 6개월이 지나고 있습니다.

그런데 얼마 전, 내가 과연 올바르게 상담에 임하고 있는가? 상담인으로써 올바른 자세를 지니고 있는가? 라는 의문이 가슴 깊은 곳에서 치솟아 오르며, 머리를 무언가로 세게 얻어맞은 듯한 느낌이 들었습니다. 그 동안의 저의 모습을 돌아보니 소위 인권상담을 한다면서 많은 부분에서 상담인이 진정 아파하고 함께 해주기를 바라는 지점에서는 제 자신의 벽에 갇혀 접근하지 못하고 있었습니다.

예를 들면 살인을 하고 경찰에 잡혀갈 때 구타 좀 당했다고 뭐 그리 억울해 하는가? 강간, 성폭행 등 파렴치범이 경찰이 미란다 원칙을 고지하지 않았다고 인권침해라고 주장한다니 이거 심한 거 아닌가? 타인에게 심각한 피해를 입혀 잡혀가서는 경찰이나 검찰의 수사태도가 문제가 있다고 과도하게 항의하며 검찰과 경찰을 고소하려고 하니 도와달라는 것은 좀 무리한 거 아닌가? 라는 바로 이런 잘못된 생각이었습니다. 교도소에서 오는 민원편지를 편지를 접하면서도 파렴치범이나 살인, 강간범들의 편지에 대해서는 애써 외면하거나 무시했다는 생각이 듭니다.

상담을 위해 찾아온 사람들과 만나면서도 사건 전체의 의미를 생각하며 제 나름의 잣대로 가해자와 피해자의 잘잘못에 대해 평가하려 하지 않았나 싶습니다. 그러고는 도덕적으로 문제가 없고 사회적으로 공감을 얻을 수 있는 사건에만 관심을 보이지 않았나 싶습니다. 사건의 전체내용파악을 기준으로 접근하다보니 상담인의 잘못이 많은 경우, 이미 법원에서 패소판결이 난 경우에는 상담인이 주장하는 사건진행의 특정부분에서 벌어지는 인권침해에 대해서는 귀 기울이지 않았던 것입니다.

사실 돌이켜볼 때 상담인들은 전체사건에 대한 잘잘못에 대한 판단이나 평가를 원한 것이 아니고 연행과정에서 수사 과정에서 경찰, 검찰 등 공권력으로부터 당한 인권침해를 호소했는데 바로 그 지점에서 함께 나서지 못하고 저 역시 사건 전체를 보면서 그런 잘못을 했으면 그 정도는 감수해야 하는 것 아닌가? 라는 잘못된 생각을 하고 있었던 것입니다. 그런데 얼마 전, 과거 70~80년대 국가보안법위반과 이적단체구성 등 소위 반국가 사범들이 수사과정에서 고문과 폭행 등 인간 이하의 대접을 받아도 왜 사회적으로 용인되었을까? 라는 생각이 문득 들었습니다. 바로 의식의 문제라는 생각이 들었습니다. 이러이러한 죄를 지은 사람에 대한 인권침해는 적당히 눈감아줄 수 있다는 잘못된 사회적 합의였던 것입니다. 간첩과 좌익사범은 그 죄가 무거우니 고문하고 폭행해도 괜찮다는 군사독재세력과 대공수사기관들의 왜곡된 의식에 언론의 탓도 있겠지만 국민들이 암묵적으로 동조했던 것입니다.

저 역시도 인권은 하느님께로부터 부여받은 천부적 권리이며 모든 사람의 인권이 존중되어야 한다고 말하면서도 실제로는 사안별로 가리면서 인권상담에 임했는지도 모릅니다. 설사 살인범, 강간범, 성폭행범 등 사회적으로 지탄받는 파렴치범이라 할지라도 그들에게도 미란다원칙은 고지되어야 하며 수사 과정에서의 가혹행위 등 인권침해는 없어져야 한다는 당연한 원칙을 지키기 위해 노력할 것입니다.

그들의 커다란 잘못에 눈을 돌리기 이전에 그들이 도움을 요청하는 내용에 우선적으로 접근하는 노력을 하겠습니다.

_ 2002.04.03.

평화방송 '열린세상' 인터뷰*)

10월 23일 – 프라이버시권(사생활보호)에 대하여

질문) 최근 개인정보의 유출과 상업적 목적의 이용 및 거래사실이 경찰청 특수수사과와 검찰의 컴퓨터수사부를 통해 밝혀지면서 사회적으로 문제가 되고 있습니다. 신용정보회사나 국가기관에 기재된 개인정보가 유출되어 사생활이 침해된다는 것도 인권침해라고 보여지는데 이에 대해 어떻게 생각하시는지?

답변) 먼저 지난 9월 16일 경찰청 특수수사과의 수사로 드러난 신용정보회사들의 개인신용정보 유출실태는 매우 심각합니다. 구체적 사례를 들어 보겠습니다. 건강보험공단과 시 · 군 · 구청 등 국가기관이 관리하는 과세정보와 재산 내역 등 개인정보가 신용정보회사 등으로 빠져 나가고 있습니다. 특히 국내 신용정보회사 대부분이 개인정보 유출에 관여했으며 변호사, 법무사들이 이들

---

*) 천주교인권위원회에서 일하며 평화방송과 매주 수요인권 보고 형식으로 2001년 10월 23일부터 11월 28일까지 인터뷰한 내용을 정리하였다. 이 '수요인권 보고'는 이후 '금요일 아침 인권칼럼' 형태로 바뀌었다.

업체에 개인정보를 의뢰한 것으로 나타났습니다. 재산세와 소득세 등 법률상 수집 · 조사가 제한된 과세정보를 포함해 모두 44만여 건의 개인정보를 빼내주고 33억여 원을 챙긴 혐의(개인정보보호법 위반)로 모신용정보회사 대표가 구속되고 6개 신용정보회사 21명이 불구속 입건되는 사건도 발생했습니다.

다음으로 지난 9월 16일 서울지검 컴퓨터수사부는 회원정보를 제휴카드사 등에 판매한 인터넷 기업 27개를 적발하고 이중 음악서비스 업체 대표를 정보통신망이용촉진등에 관한 법률위반 혐의로 구속하고 2개사 대표를 불구속기소하고 나머지 24개 업체 대표 및 27개 전 법인을 각각 벌금 500만~1천만 원에 약식기소한 사건이 발생했습니다.

마지막으로 개인정보의 거래입니다. 모 할인점 개장기념으로 열린 경품행사에서 경품에 당첨되기를 원하는 소비자들이 별 의심없이 경품권에 명시된 대로 주민등록번호 등 개인정보를 상세히 기록합니다. 경품행사 주최 측은 경품참가자의 개인정보사용에 대한 동의 없이 카드회사로 소비자들의 정보를 넘기는 사건이 발생했습니다.

사회의 디지털화, 정보화에 따른 개인정보의 유출과 확산이 거듭될수록 프라이버시권(사생활보호권)에 대한 강조의 목소리가 높아지고 있습니다. 예전에 프라이버시권은 타인의 방해를 받지 않고 혼자 있을 권리로서 인식되어 왔지만 현재는 자신에 관한 정보를 관리 · 통제할 수 있는 권리로까지 확대되었습니다. 프라이버시권은 이제 인권문제의 중요한 부분으로 인식되어 가고 있습니다.

질문) 최근(지난 10월 16일) 형사정책연구원이 펴낸 '도청 · 감청 및 비밀녹음(녹화)의 제한과 증거사용' 이라는 제목의 연구보고서에서 인하대 법학과 원혜욱 교수는 "현 통신비밀보호법이 규정한 감청대상 범죄는 150여종으로 웬만한 범죄수사에 다 쓰일 수 있을 정도로 광범위하다"고 주장했다고 합니다. 원교수는 특히 "국가안보를 목적으로 하는 감청은 국가안보의 개념이 불명확하기 때문에 감청이 지나치게 확대될 우려가 있다"고 지적했다는데 통신비밀보호법이 어떻게 변화되어야 한다고 생각하는지?

답변) 현 통신비밀보호법은 감청요건을 막연히 '국가안전보장에 대한 위해를 방지하기 위한 관련 정보수집이 필요한 때' 라고만 규정되어 정치사찰을 위한 감청도 사실상 가능하다는 것입니다. 실제로 최근 핸드폰의 통화내역에 대한 조회가 수사상의 이유로 경찰서장의 공문에 의해 이루어지고 있는 실정입니다. 전기통신사업법 제54조 '통신비밀의 보호' 조항에는 "검사 또는 수사기관의 장이 수사 또는 형의 집행, 국가 안전보장에 대한 위해를 방지하기 위한 정보수집의 필요에 의하여, 이용자의 통신자료의 열람을 요청할 수 있다"고 돼 있습니다.

이렇게 볼 때 수사기관은 언제든 마음만 먹으면 도청, 감청을 통해 개인의 정보를 들여다 볼 수 있는 것이며 개인의 사생활은 침해될 가능성이 매우 높은 현실입니다. 현재 통신비밀 보호법에 관한 개정안이 지난해 정기국회에 상정되어 있지만 아직도 처리되지 않고 있습니다. 개인의 사생활이 도청과 감청으로 언제든 감시된다고 생각하면 정말 끔찍한 일입니다.

질문) 최근 금융기관 등에 의한 개인정보 유출사건과 도청, 감청이 잇따르고 있는 가운데 시민·사회단체들이 개인의 사생활 보호를 위한 '프라이버시 기본법'을 제정키로 했다는 보도가 있었는데 이에 대해서 소개해 주시기 바랍니다.

답변) 시민단체들은 그 동안 프라이버시 보호가 외면되고 있는 상황에서 문제점을 제기하고, 프라이버시 보호를 위한 입법 및 감시 활동을 통해 프라이버시 보호운동을 시작하게 만든 촉매 역할을 해왔습니다. 특히 기업이 개인정보를 사고파는 일이 암암리에 일어나고, 인터넷 사이트들이 경품이나 이벤트로 네티즌을 유혹해 개인정보를 무차별적으로 수집하는 상황에서 시민단체들은 각종 개인정보 침해사건을 적발해 이에 대처하는 버팀목으로서 존재해 왔습니다.

시민 사회단체들은 현행 국내 관련 법률로는 국가 및 사기업의 개인정보 유출 행위를 규제하기 어렵다고 보고 프라이버시 기본법 제정과 함께 관련법 개정운동도 병행키로 한 것이지요. 다른 한편 정보통신망이용 및 정보보호에 관한 법률, 공공기관의 개인정보에 관한 법률, 신용정보의 이용 및 보호에 관한 법률, 통신비밀보호법 등도 개정해 국가는 물론 사기업의 개인 정보 관리 소홀에 대한 처벌 조항을 삽입하고자 합니다, 이 경우 정보유출에 따른 개인들의 피해보상 요구가 적극적으로 이루어 질 것입니다

질문) 미국에서도 지난 9월 11일 발생한 테러이후 반테러법안의 확대적용으로 프라이버시 침해가 예상된다고 합니다. 게다가 DCS 1000이라는 소프트웨어를 이용하여 수사당국이 인터넷 서비스 제공자들에게 가입자들이 교환한 이메일을 요구할 수 있는 권한을 부여했다고 하는데 이에 대해서 말씀해 주시기 바랍니다.

답변) 9월 11일 발생한 테러 이후 미국에서는 테러를 막는다는 미명하에 반민주적인 법안이 속속통과되고 있다고 합니다. 지난 96년 오클라호마 테러사건이후 의회를 통과해 계속 논란이 되어 왔던 대테러법안의 확대적용과 미국입국자들의 인종별 분석 허

가, 영장없이 이메일 감시와 전화도청을 가능하게 하는 법안들이 의회통과를 기다리고 있습니다. 최근 미국 상원은 만장일치로 FBI나 다른 수사당국이 단 한 명의 재판관 승인 하에 전화나 전자우편에 대한 전국적인 추적과 감시를 가능하게 하는 법안을 통과시켰습니다. 게다가 DCS 1000이라는 소프트웨어를 이용하여 수사당국이 인터넷 서비스 제공자들에게 가입자들이 교환한 이메일을 요구할 수 있는 권한을 부여했습니다.

DCS 1000은 인터넷서비스 제공자의 서버에 장착되면 이메일 제목, 웹서핑목록, 다운로드 등 사용자의모든 인터넷 활동을 알려주는 소프트웨어입니다. 미국인들은 자유수호를 위해 '테러를 박멸'한다면서 자신의 자유를 억압하는 자가당착에 빠지고 있는 것입니다.

질문) 프라이버시권과 개인정보의 개념에 혼동이 오는데 이에 대해서 설명해 주시고 마지막으로 하시고 싶은 말씀이 있다면?

답변) 프라이버시권에 대한 개념은 미국에서부터 발전해 온 것인데 정보화 사회 진전에 따라 사생활 보호에 대한 권리가 소극적으로 사생활의 평온을 침해받지 아니하고 사생활의 비밀을 함부로 공개 당하지 아니할 권리에서 나아가 적극적으로 자신에 관한 정보를 관리, 통제할 수 있는 권리를 포함하는 의미로 이해되고 있습니다. 이는 프라이버시를 침해받지 않을 자유권적 성격뿐만 아니라, 기록된 개인정보가 부정확할 때 당하는 부당함을 사전에 막기 위해 자신의 정보를 확인하고 정정할 수 있는 청구권적 성격도 갖게 된다는 의미입니다.

개인정보라 함은 생존하는 개인에 관한 정보로서 당해 정보에 포함되어 있는 성명, 주민등록번호 등의 사항에 의하여 당해 개인을 식별할 수 있는 정보를 말합니다. 이는 당해 정보만으로는 특정 개인을 식별할 수 없더라도 다른 정보와 용이하게 결합하여 식별할 수 있는 정보까지를 포함합니다. 개인정보에는 다음과 같은 것들이 있습니다.

- 내면의 비밀 : 사상, 신조, 종교, 가치관, 양심 등
- 심신의 상태 : 체력, 건강상태, 신체적 특징, 병력(病歷) 등
- 사회경력 : 학력, 범죄경력, 직업, 자격, 소속정당 · 단체 등
- 경제관계 : 재산상황, 소득, 채권채무관계 등
- 생활 · 가정 · 신분관계 : 성명, 주민번호, 주소, 본적, 출생지, 전화번호 등

마지막으로 정보화 시대를 맞으면서 개인은 산업사회에서 겪었던 '소외감'를 떨쳐내고 보다 능동적이고 가치있는 삶을 영위할 수 있는 토양을 얻었지만, 동시에 과거 그 어느 때보다 사생활을 침해당할 위험에도 노출되어 있습니다. 초기 산업사회가 수정자본주의로 이행하면서 인권보호를 위한 많은 제도적 진보를 동반했던 것처럼 세계가 정보화 사회로 나아가는 데 가장 큰 걸림돌로 지목되는 프라이버시 침해 문제 역시 끊임없는 법률적 · 제도적 개선이 수반되어야 합니다. 프라이버시 보호를 위해선 공감대의 정착과 완벽한 대체기술의 개발이 가장 이상적인 대안이겠지만, 현실적으로는 정보화 범법집단의 운신 폭을 제약하는 법과 제도의 도입이 필수적이라고 생각합니다.

10월 30일－집시법 개정, 사형제도 폐지에 대해

질문) 지난 한 주간의 인권흐름에 대해 간단히 말씀해 주시기 바랍니다.

답변) 지난 한 주간 참으로 많은 일이 있었습니다. 국회의원 보궐선거를 둘러싸고 면책특권 논란이 있었고, 참여연대 주최의 검찰개혁토론회, 인권단체들의 경찰개혁토론회 그리고 88개의 시민사회단체들이 '집회와 시위의 완전자유 쟁취를 위한 연석회의'가 발족되었습니다. 또한 추기경님께서 교도소를 방문하셔서 사형수들을 만나고 사형제도 폐지에 대한 문제의식을 사회에 던지셨습니다. 그리고 국가인권위법 시행령에 대한 토론회도 있었습니다. 이런 흐름을 볼 때 우리 사회는 아직도 개혁과 인권신장의 과제들이 산적해 있다고 볼 수 있습니다.

질문) 말씀하신 여러 사안 중 천주교인권위원회에서 관심을 기울이고 있는 사안은 어떤 것인지요?

답변) 모든 사안들이 다 중요하지만 현재 인권위에서는 집회와 시위에 관한 완전자유쟁취와 사형제도 폐지에 대해 노력하고 있습니다.

질문) 그러면 먼저 88개의 시민, 사회단체와 인권단체들이 집회와 시위에 관한 자유에 대해 문제제기하고 활동하는 이유는 무엇이지요? 그 동안 별다른 목소리가 없었던 것 같은데요.

답변) 최근 헌법에 보장되어 있는 기본권인 집회와 시위의 자유가 심각하게 훼손되고 있습니다. 집회시간이 20분 초과했다고 강제해산 시키고 연행한 사례가 있는가 하면, 집회신고 인원이 30명이 초과했다고 집회를 봉쇄하는 사례가 있었습니다. 게다가 검찰과 경찰에서는 이것도 부족하여 주요도로에서의 집회인원을 제한하고, 집회의 시간, 장소, 방법 등의 사항에 사전 개입하고 이를 통해 집회의 자유를 제한하겠다는 내용으로 집시법을 개정하겠다고 공공연히 밝히고 있으며 한나라당의 박종희 의원이 입법을 위한 준비를 하고 있다고 합니다.

그러나 실제의 상황은 집회를 하고 싶어도 주요 집회 장소는 이미 관변단체들과 유령단체들이 이미 연말까지 집회신고를 해 놓아 집회를 할 수 없는 상태이며, 외국대사관 1백 미터 반경 내 집회 원천금지 조항을 재벌기업들이 악용하여 자기 건물에 좋은 조건으로 유치하는 어처구니없는 일도 벌어지고 있습니다. 게다가 '집회에 대한 사전금지 조항'이 경찰의 자의적 개입여지를 열어놓아 집회와 시위의 자유는 헌법이 보장하고 있지만 하위법인 집시법이 권리를 제한하고 있습니다.

질문) 잦은 집회와 시위로 상인들이 피해를 본다며 항의하는 사례도 많은 것 같은데요. 또한 집단이기주의에 입각한 잦은 집회와 주거지역에서의 소음피해도 국민들의 눈살을 찌푸리게 하고 있지는 않나요?

답변) 우리 헌법 21조는 모든 국민은 언론·출판의 자유와 집회·결사의 자유를 가진다고 명시하고 있습니다. 물론 집회와 시위를 통해 상인들과 국민들이 불편을 겪을 수도 있습니다. 그러나 지하철파업, 버스파업과 같은 일상적 생활에 영향을 주는 대규모 파업에 대해 미국이나 선진국에서 보여주는 시민들의 모습을 우리도 배워야 합니다. 그들은 집회나 시위를 주최하는 측의 요구와 의견을 듣고자 합니다.

집회와 시위의 자유는 표현의 자유의 집단적인 표현입니다. 국민들에게는 많은 불편이 따르겠지만 지켜보고 이해하는 훈련도 필요합니다. 오늘을 살아가며 누구도 피해자가 될 수 있기 때문입니다. 군에서 자식을 잃은 부모가 평소 명동성당 앞을 지나가며 자신과는 아무런 상관이 없는 일로서 대했지만 막상 자식이 군에서 죽었다는 연락을 받고 난 후 집회에 참석했을 때 다른 사람들이 보이는 반응에 대해 무척 안타까워하던 일이 생각납니다.

질문) 사형제도 폐지에 대한 법안이 어제 국회에 상정된 것으로 알고 있습니다. 하지만 법조계 일부에서는 사형제도가 범죄예방 효과가 있고 사회정의에도 합당하다며 폐지에 반대하는 의견을 펴고 있는데 어떻게 생각하십니까?

답변) 어찌 보면 일리 있는 주장으로 들립니다. 그러나 정말 범죄예방효과가 있는가는 잘 살펴보아야 합니다. 최근 살인 등의 강력범죄는 오히려 더욱 흉폭해지고 있으며 강력범죄는 줄어들지 않고 있습니다. 사형이라는 보복과 응징을 두려워하지 않고 있다는 것입니다. 사형제도가 범죄예방에 더 이상 효과가 없다는 것은 이미 학계에서 정설로 받아들여지고 있습니다. 서울구치소에서 사형수들을 만난 추기경께서 "예수님도 사형수였을 뿐 아니라 유한한 인생을 사는 우리 모두가 사형수"라며 "여러분이 마지막까지 삶의 희망을 잃지 않기를 바란다"고 말씀하셨습니다. 목숨을 가볍게 여기는 반생명의 문화를 이제는 생명의 문화로 바꿔야 합니다. 대표적인 반생명적 제도인 사형제는 빨리 폐지되어야 합니다.

질문) 사형제도의 존폐를 둘러싼 논란이 우리나라만의 얘기는 아닐 텐데, 세계적인 추세는 어떤지요?

답변) 현재 사형제도를 폐지한 국가는 108개국이며 존치국가는 79개국입니다. 선진국과 유럽대부분은 폐지하였으며 갈수록 사형제를 폐지하는 국가가 늘어나고 있습니다. 또한 UN에서는 '사형폐지를 위한 시민적 및 정치적 권리에 관한 국제규약 제2선택의정서'가 1989년에 채택되고 1991년부터 발효되었습니다. 우리나라는 아직 미가입 상태입니다. 그럼에도 UN인권회의에 참석하는 한국의 대표는 뭐가 부끄러운지 국제회의에서 사형폐지 의사를 지속적으로 밝히고 있다고 합니다. 이제는 언행을 일치해야 한다고 생각합니다.

질문) 사형제도 폐지와 관련된 다채로운 행사들이 준비되고 있는 것으로 알고 있는데 소개해 주시기 바랍니다.

답변) 먼저 내일부터 '아침새는 아침이 없다'는 연극이 명동 YWCA 소극장에서 시작됩니다. 11월 10일까지 공연합니다. 다음으로 인사동 학고재에서 사형제도 폐지관련 미술제가 11월 7일부터 17일까지 열립니다. 그리고 '2001 아시아포럼, 서울'이라는 주제로 국제학술대회가 11월 10일 국회대강당에서 열립니다. 다음날인 11일에는 '생명정착을 위한 콘서트' '그가 떠날 콘서트'가 KBS공개홀에서 펼쳐집니다. 장사익, 양희은, 안치환, 이은미 등의 유명가수들이 출연하여 사형폐지의 함성을 드높일 것입니다. 방송을 듣고 계신 분들은 행사에 참여하셔서 직접 느끼시기 바랍니다.

11월 21일 – 인권칼럼 - 테러방지법

질문) 지난 12일 국가정보원이 테러방지법안에 대해 단독으로 입법예고 한 후 이에 대한 논란이 많은 걸로 알고 있습니다. 테러방지법안의 주요골자가 무엇이기에 그렇습니까?

답변) 국정원에서 발표한 입법취지는 먼저 최근 발생되는 국제

테러는 무차별 극단적으로 자행되는 전쟁수준의 "뉴테러리즘" 양상을 보이고 있어 기존의 테러 대응체계로는 효율적인 예방·방지가 어려운 실정입니다. 다음으로 테러의 예방·방지 및 범인색출 등 전 과정을 규정한 테러방지법을 제정, 테러를 효율적·체계적으로 대처하여 테러로부터 국가의 안전을 보장하고 국민의 생명 및 재산을 보호하려는 것이라고 하였습니다. 그러나 법안을 자세히 들여다보면 미국의 테러와 전쟁분위기를 틈타 국정원의 권한을 강화하는 내용으로 가득 차 있습니다. 전문가들은 국정원이 내놓은 테러방지보호법의 핵심을 국정원의 집단이기주의와 군 병력 동원을 통해 계엄선포 없는 일상적 계엄 상태로 몰아가는 반인권적 법안으로 평가하고 있습니다.

질문) 이번 입법예고된 테러방지 법안의 문제점을 지적하신다면?

답변) 이번에 국정원에서 입법예고한 테러방지법은 불고지죄, 구속기간연장, 참고인 구인·유치, 군병력에 대한 경찰권 부여, 외국인에 대한 사찰, 무제한의 감청에 이르기까지 인권을 침해하거나 유린할 가능성이 있는 독소조항들이 너무도 많습니다. 불고지죄만을 볼 때도 영국이나 일본의 경우에는 성직자의 고해성사나 변호사가 의뢰인을 통해 들은 내용이 제외되지만 이법에서는 가족이나 친족만을 제외대상으로 하고 있습니다.

심지어 이런 중요한 법안을 예고하면서 국정원은 평상적으로 입법예고기간이 20일인데 10일로 한정하고, 각계의 의견을 수렴하는 공청회는 없다고 엄포를 놓고 있습니다. 특히 법안의 졸속성은 국가최고의 정보기관이 만든 것치고는 너무도 한심합니다. 테러와 테러단체에 대한 개념이 모호하고, 일부 조항들은 시대착오적인 국가보안법의 내용을 그대로 옮겨놓고 있습니다. 그리고 많은 조항들이 법치주의와 민주주의 원칙을 위배하고 있습니다.

질문) 내년에 있을 아시안게임과 월드컵에 대비하여 테러방지 대책은 필요한 것 아닌가요?

답변) 우리 사회 대부분의 사람들은 테러에 찬성하지 않습니다. 그리고 아시안게임이나 월드컵이라는 국제행사 때 테러가 일어날 가능성이 있다는 주장에도 귀를 기울입니다. 그러나 이번 국정원의 테러방지법이 없다고 큰일이 발생하거나 테러에 대응하지 못한다는 것은 말도 안 됩니다.

용산경찰서 소속 중견 경찰관은 "국정원이 테러의 규정을 광범위하게 설정해 놓고, 테러의 징후가 보인다는 등, 테러와 연결될 것이라는 등, 수사권을 야금야금 넓힐 가능성이 있다"면서 테러 수사권은 경찰에 있어야 한다고 주장했습니다. 즉 "국정원과 달리 경찰 업무는 공개되어 있어서 검찰이나 언론 및 시민단체 등 감시기구가 많아 그만큼 인권침해 소지가 적다"는 것이고 "국정원이 정보업무에만 전념하는 것이 국민 여론에도 부합되는 시대적 추세가 아니겠느냐"는 것입니다. 그는 또 경찰특공대가 첨단 특공대임을 상기시키면서 "경찰의 기존 수사권을 가지고도 테러 문제에 능히 대처할 수 있다"고 장담했다고 합니다.

또한 검찰에서도 지난 15일 수사기관이 아닌 정보기관에 테러방지 상설기구를 설치해 통합조정권을 부여하는 것은 부적절하며 세계적으로도 유례를 찾기 힘들다며 문제점을 조목조목 비판했습니다. 검찰은 우선 수사기관의 고유기능이 무시된다는 점을 들고 있습니다. 기본적으로 테러행위가 형사처벌 대상이기에 전문 수사기관이 테러수사를 담당하는 것이 검찰청법이나 국가정보원법의 취지에도 맞다는 설명입니다. 정보기관은 정보수집활동에만 자신의 역할을 제한해야 하는 것이 민주주의헌법이 요구하는 것이고 시대의 추세입니다.

질문) 만일 이 법안이 통과된 후 예상될 수 있는 상황을 말씀해 주신다면?

답변) 이법이 통과된다면 상황은 매우 심각해 질 것입니다. 국정원장이 테러대책회의의 상임위원장이 되며, 대테러센터가 국정원에 설치됩니다. 그리고 테러센터의 장은 국정원장의 추천으로 대통령이 임명하게 됩니다. 테러센터의 장은 테러에 대한 판단권을 갖게 됩니다. 이렇게 되면 국정원장은 대통령에 버금가는 권력을 행사하게 되며, 테러발생시 군, 경찰병력을 동원할 수도 있습니다. 안기부를 국정원으로 명칭을 변경한 것은 과거 폭압기구에서 정보기관으로 거듭나기 위한 것이었습니다. 그러나 이법이 통과된다면 국정원은 정보기관이 아니라 최고의 권력기관이 되며 또다시 과거 권위주의시대 정보기관의 초법적 권한남용을 야기할 우려가 있게 됩니다.

11월 28일, 금요일 아침 인권 칼럼—수지김사건과 안기부

지난 15년을 간첩의 가족이라는 멍에를 지고 살아왔던 김씨 가족들의 억울함과 호소는 많은 사람들의 심금을 울리고 있습니다. 그들 가족의 진실을 밝히고자 하는 처절한 노력이 없었다면 이 사건은 역사 속에 묻혔을 것입니다. 진실규명을 보지 못하고 돌아가신 김씨의 어머니와 홍콩에 있는 언니의 묘소를 15년 만에 찾아가 울음을 터뜨리는 김씨의 동생의 모습은 국가기관이 한사람에게

가한 인권침해가 그 가족들에게 얼마나 엄청난 고통을 주었는가를 잘 보여주었습니다.

최근 천주교인권위원회는 1987년 KAL기폭파 사건에 대한 의혹을 제기하는 기자회견을 하였습니다. 혹시라도 수지김 사건처럼 KAL기사건도 안기부의 잘못된 수사와 결과발표로 당시 실종된 115명의 가족들에게 커다란 고통을 주고 있다면 바로잡아야 한다는 것이었습니다. KAL기사건에 대한 당시 안기부의 수사발표는 너무도 많은 의혹이 들게 합니다. 115명이 죽은 대형참사에서 물증은 하나도 없고 오직 김현희의 진술과 자백만이 있었을 뿐입니다. 아직도 KAL기사건의 많은 가족들은 KAL기는 폭파된 것이 아니라 실종되었다고 합니다. 기체나 유품이 전혀 발견되지 않은 상태에서 가족의 죽음을 어떻게 받아들일 수 있냐고 항변합니다.

사실 국가정보기관에 의한 인권침해는 이 두 사건에 국한되지 않다는 것을 국민 대다수가 알고 있습니다. 과거 중앙정보부와 안기부가 국민 위에 군림하며 초법적인 권력을 행사할 때 우리는 침묵할 수밖에 없었습니다. 정보력, 수사권 등 너무 많은 권력이 그 기관에 집중되어 두려움의 대상이었기 때문입니다.

이제라도 과거의 진실을 교훈삼아 바로잡아야 합니다. 정보기관은 정보기관으로서의 역할을 해야 합니다. 수사권을 비롯한 여러 특권을 과감히 포기하고 정보기관 본연의 모습으로 돌아가야 합니다. 국가기관에 의한 인권침해가 더 이상 발생하지 않도록 우리 모두가 감시자 역할을 해야 합니다.

오늘의 생각, 검시관 제도

검시관제도란 법의학 전문가(의사 등)를 두어 사체검안 및 현장 보존 등을 통해 죽은 자의 억울함을 밝혀주는 제도입니다. 죽은 자는 몸으로 말한다고 합니다. 그러나 이것도 현장이 훼손되고 사체가 손상된 후에는 불가능합니다. 죽은 자의 말을 들어주고 억울함을 풀어주는 검시관제도가 대부분의 나라들에는 있으나 우리나라에는 없습니다. 수사검사가 검시하고 있는 실정입니다. 수사방향과 수사결과를 책임진 검사가 자신의 수사에 도움이 되는 차원에서 부검을 하고 마치 이것이 검시제도의 전부인양 이해되고 있습니다. 검시관제도를 하루빨리 도입해야 합니다. 그러면 억울한 의문사는 많이 밝혀지게 될 것이며 억울한 죽음, 조작된 죽음은 방지될 수 있을 것입니다

_ 2001.08.28.

최근 언론개혁을 지켜보며

연이은 국세청 언론세무조사 관련 방송토론회를 지켜보며 우리 사회에서 언론이 차지하는 비중과 위치에 대해 새삼 놀라지 않을 수 없었습니다. 탈세라는 명백한 범법행위를 들이대도 탈루라는 비리를 들이대도 사과나 반성보다는 언론탄압이라고 강변하는 일부 언론사와 야당의 도발을 보면서 제4의 권력이란 말이 왜 나왔고 어떻게 생긴 개념인가에 대해 절로 수긍이 갔습니다. 어찌 보면 개혁세력과 수구세력이 언론개혁을 통해 전면전을 선포하고 대치하고 있는 형국이 아닌가라는 생각도 듭니다. 오죽하면 그리도 기세등등하던 김영삼 정권이 언론사 세무조사를 하고도 족벌언론과 사주와의 뒷거래를 통해 덮어두게 되었는가 이해도 갑니다.

언론탄압이라고 주장하는 언론사와 야당의 주장을 반복해서 계속 듣다보면 정말 그런 것도 같습니다. 김영삼씨 대변인 역할을 자임하는 한나라당 박종웅의원은 방송토론회에 겹치기 출연하면서 똑같은 말만 되풀이하고 있습니다. 주제와 토론 대상이 바뀌어도 부풀리기 세무조사, 언론탄압, 정권재창출기도라는 정치공세에만 열을 올리고 자신의 논리를 뒷받침하는 객관적 근거에 대해 반박당하면 고함만 지르고 있습니다. 도대체 국민을 어떻게 생각하기에 그리도 안하무인일 수 있는지? 손석희의 세상읽기, 유시민의 100분 토론, SBS토론회에 연달아 출연하여 국민을 기만하는 박종웅의원을 보면서 우리도 빨리 나서서 뭔가 할 수 있는 일을 모색하고 실천해야겠다는 생각이 절로 들었습니다. 전쟁이 벌여지고 있다는 느낌을 떨칠 수 없기 때문입니다. 과연 어떠한 실천이 언론이 제왕적언론, 권력화된 언론에서 언론본연의 모습으로 돌아갈 수 있도록 하는데 도움이 되는 것인지 지혜를 모아야 할 것 같습니다.

만일 지금의 국면에서 정치권과 언론이 타협하여 94년 같은 어처구니없는 사태가 벌어진다면 언론개혁은 아마도 우리역사에서 다시는 거론하기도 힘들어질 것입니다. 사실 언론이 바뀌어야 한다는 것을 모르는 국민은 아무도 없을 것입니다. 다만 그러한 문제제기와 사회적 실천이 부메랑이 되어 자신 또는 단체에게 돌아올 것을 염려하여 언론개혁에 대한 목소리를 높이지 못한 측면도 많았고 이는 권력화된 언론의 또 다른 측면을 단적으로 보여준 것입니다.

기회는 자주 오는 것이 아니라고 생각합니다. 또 모든 일에는 적절한 시기가 있는 것입니다. 바로 지금 오늘의 시점이 언론을 바로잡아 제자리로 돌려놓기에 가장 좋다고 생각합니다.

_ 2001.06.30.

장애와 인권

요즘 장애인에 대해서 많은 생각을 하게 됩니다. 장애인에 행해지는 인권침해들에 대해서도 자료를 찾아봅니다. 장애인여성처럼 이중의 중첩된 차별에 대해서도 생각해 봅니다. 그러면서 문득 왜 주님은 이런 사람을 우리 주위에 보내셨을까? 라는 생각이 들었습니다. 어떠한 것을 드러내보이시려고, 무엇을 보여주시려고… 생각이 생각을 낳기도 합니다.

아마도 주님은 다양함과 차이를 통해 우리의 삶을 보다 풍부하게 하지는 않는가 하는 생각이 들었습니다. 다른 한편 물질만능과 물신에 빠져버린 인간들에게 사람이 살아가는 진정한 가치와 의미를 다시금 깨닫게 하려고 하심은 아닌가 생각해 보았습니다. 장애인을 이해하고 받아들이고 차별이 아닌 차이로 그의 부족함을 내가 채워주고 함께 살아간다는 것이 쉬운 일은 아니지만 우리 삶의 의무인 것은 분명합니다.

물질과 자본은 항상 차이를 부각시켜 왕따를 생산하고 장애가 없는 사람조차 낙오자로 만들기 때문입니다. 그러면서 일등, 일류의 신화를 만들어 나가지요. 경쟁에서 낙오하면 인생의 패배자가 되고 마는 그런 묘한 논리지요. 장애인들을 보면서 그들 속에 함께 있는 예수를 생각하면서 과연 당신이 우리에게 바라는 바가 진정 무엇인지 다시금 생각하게 됩니다.

_ 2001.05.01.

현실을 좀 더 냉정히

김대중정부 초반에 소위 실세 국회의원의 보좌관과 대화를 나눌 때의 일입니다. 보좌관이 후배였는데 그는 "선배님! 우리가 혁명을 했다고 착각하시는 것 아닙니까? 김종필과 손잡고 겨우 잡은 정권입니다. 현실을 잘 보세요?"라며 저를 설득하더군요.

사실 그때는 그 후배가 참으로 야속하고 왠지 권력 속에 녹아 들어간 변절자쯤으로 보였습니다. 이후에도 저는 김대중 대통령이 마음만 먹으면 모든 것을 할 수 있다는 생각을 갖고 있었지요. 그러나 가만히 생각해 보니 이러한 생각 역시 군사독재정권의 잔재라는 생각이 듭니다.

어제 〈아름다운 청년 전태일〉을 비디오로 집사람과 함께 보았습니다. 그 시대의 노동자, 노동현실과 오늘 노동자, 노동현실이 왜 그리도 다르게 느껴지는지… 또한 문성근이 대역으로 나왔던 조영래 변호사님의 지식인의 역할을 보며 왜 지금은 주위에서 그런 멋진 사람들을 찾아보기가 어려운지… 세상을 많이 살아오신 어른들 그리고 처절한 역사적 경험을 하신 분들을 만나다보면 생각이 많이 교정됩니다. "그래도 김대중씨 만한 대통령이 이제까지 없지 않았는가? 앞으로도 그런 사람이 대통령이 되기는 무척 힘들지 않겠는가? 그러니 그분이 대통령으로 있을 때 정말 풀기 힘들고 어려운 문제들을 지혜롭게 해결해야 된다"라는 말씀들로 요약됩니다. 어떻게 보면 아직도 김대중씨에 대한 미련을 갖고 있기 때문에 그런 것이 아닌가? 하는 생각도 들지만 달리 생각해 보면 어쩌면 이것이 세상을 보는 혜안이 아닌가? 라는 생각도 듭니다.

국보법 등 개혁입법을 반대하는 이회창, 언론개혁을 반대하는 이회창, 안기부자금 국고유용사건 조사를 반대하는 이회창, 자신의 집권에 도움이 된다면 모든 짓을 할 것처럼 보이는 이회창 그리고 모든 사회문제를 역사와 민족, 민중을 생각하며 결정하지 않고 다음 대선에서 표가 어떻게 될 것인가를 보고 결정을 내리는 이회창, 민족의 염원인 통일까지 보수 수구세력의 편에 서서 사고하는 이회창… 바로 이런 사람이 차기 대통령에 가장 근접한 사람이라고 언론에서는 계속 떠들어대고 있습니다.

현 정부는 자민련과 연합하여 탄생한 태생적 한계를 가지고 있습니다. 이러한 한계를 극복해 보고자 나름대로 노력한 것이 아마도 총선에서 지난해까지의 모습이 아니었던가 싶습니다. 그 결과는 어떠했던가? 국정이 혼란되고 정국주도권을 야당에게 뺏기고 집단이기주의가 판치고, 6·15선언이라는 엄청난 역사적 사건에도 불구하고 그 효과는 미미하고… 진보세력 대다수가 그토록 반대했던 김중권씨가 민주당 대표가 되고 난 후 어떤 변화가 일어나고 있는가? 아주 냉정히 볼 때 그나마 여당이 정국의 주도권을 쥐고 국정을 풀어나가고 있지 않은가? 바로 이 지점을 똑바로 보아야 한다고 생각합니다. 결국 김중권만한 실무력과 정치력이 있는 인물이 없다는 반증이 아닌가? 한완상 교육부총리, 한명숙 여성부장관의 임명! 바로 김대중 정부이기기에 이런 파격적인 인사가 가능한 것 아닌가요?

사실 대부분의 정치사회 쟁점들에서 시민사회단체 등 개혁세력들은 무능함만을 노정시켜왔습니다. 아니 어쩌면 이정부가 김종필 지분이 없는 정부라고 착각을 했기 때문에 그랬는지도 모릅니다. 그러다보니 김영삼씨가 대통령으로 있을 때보다 개혁적 조치들의 실행이 더욱 힘든 것은 아닌가 생각해 봅니다. 김대중정부는 소수파 정부입니다. 대통령이 아무리 많은 권한을 갖고 있다고 해도 전 국민을 대표하는 자리이며 아마도 대통령 스스로는 좌우를 모두 아우르고 싶어 할 것입니다. 그러다 보니 '박정희기념관'과 '민주화운동명예회복'이라는 모순된 조치가 같은 시기에 결정이 되는 것이라고 봅니다.

대통령도 국회를 좌지우지 할 수 없는 현실입니다. 소수당의 비애에서 의원 꿔주기도 나온 것이지요. 지금은 개혁세력들이 이러한 현실에 발을 딛고 고민해야 합니다. 아무리 원칙이 옳다고 해도 현실 속에서 국민들에게 영향을 주고 국민을 움직일 수 없다면 힘을 발휘할 수 없습니다. 오히려 대통령이 갖고 있는 힘과 권한을 잘 움직여서 사회개혁조치들을 실현하기 위해 고민해야 하는 것 아닌지? 이것은 부탁과 요구를 기본으로 하며 압박을 해야 하는 것 아닌가 싶습니다.

_ 2001.02.25.

또다시 실감하는 법무공화국

얼마 전 한 원로변호사님으로부터 우리나라는 법무공화국이며 법무부가 제일 힘이 센 기관이라는 말씀을 들은 적이 있습니다. 소위 고시를 패스한 사람들이 모여서 기득권을 형성하고 있는 이 기관의 힘은 정말 너무도 막강하다는 것이 실감나게 느껴집니다.

대통령이 원하고 집권여당이 원해도 법무부가 반대하면 안 된다는 것이 이번 3대 개혁입법 투쟁을 하면서 배우게 됩니다. 특히 국가인권위원회법과 부패방지법은 법무부와 검찰과 직결된 부분이 많아서 그런지 법무부가 자주 전면에 등장하여 국회의원을 애처롭게 만들더군요. 국가보안법 역시 법무부의 관료들이 결코 좋게 생각하지 않는 것 같습니다. 대통령이 되어도 법무부와 검찰을 통제하지 못하는 세상입니다. 대통령과 국회의원이 도리어 눈치를 보면서 법무부와 협상을 해야 합니다. 법무부와 검찰의 힘을 빌려 강력한 정부, 강한여당을 꿈꾸는 발상이 더욱 애처롭지만 이 또한 현실이라는 생각이 듭니다.

법무부에 의해 누더기가 된 민주당 국가인권위원회법안을 이제는 국회통과가 안 되도록 저지투쟁을 해야 되는 상황이 아이러니

입니다. 이제까지 죽어라고 국가인권위원회 설치를 주장하다 민주당 법안통과를 반대, 저지해야 한다는 현실을 국민들이 어떻게 이해할 수 있을지 정말 걱정입니다.

부패방지법 역시 검찰의 특검제반대논리에 말려 여당이 되레 법무부의 편을 들어주기에 급급합니다. 언론, 관료, 재벌을 정권 초기에 확실히 정리했어야 했는데 그러지 못했던 원죄로 이들의 조직적 반발로 국민들만 엄청 고생하게 생겼습니다.

_ 2001.02.21.

내가 국가보안법을 반대하는 이유

이제 30분 후면 국가보안법을 둘러싼 100분 토론이 시작됩니다. 김용갑의원의 코미디를 만끽해 볼 시간이 되겠지요. 천주교인권위에는 인혁당대책위원회가 있습니다. 인혁당? 약간 생소한 분들도 있겠지만 일명 인민혁명당이라 하며 민청학련을 배후조종했다는 죄로 군사법정의 판결 후 20시간도 안된 상태에서 8명을 사형시킨 국제사법사상 최악의 날로 기록된 사건이지요.

역사바로세우기 차원에서 전개되고 있는 이 사업은 현재 명예회복위원회에 사건을 접수시키기 위해 준비 중에 있습니다. 그런데 고약한 것이 현재 민주화운동명예회복위원회에는 지난 10월 20일 마감 접수된 건이 8,440건에 이르건만 현재 처리된 것이 200건에 지나지 않고 있다는 것입니다. 그나마도 국보법이나 조직관련 사건은 후순위에 밀려 사건검토 조차 이루어지지 못하고 있다는 것입니다. 만약 국가보안법이 폐지된다면 명예회복위원회에서 국가보안법을 둘러싼 소모적인 논쟁으로 시간을 낭비하지 않고 민주화에 목숨을 바치고 헌신했던 많은 사람들의 명예가 하루빨리 회복될 텐데….

다음으로 조작간첩사건 대책위가 있습니다. 과거 군사정권의 유지차원에 멀쩡한 사람을 간첩으로 만들어 사회분위기를 암울하게 만들었던 사건들이지요. 이중 인권위에서는 신귀영, 강희철, 이장형씨를 중심으로 재심작업을 진행 중에 있습니다. 그러나 이 역시 국보법이 시퍼렇게 살아있는 현실에서는 실타래를 풀기에 너무도 어려움이 많습니다. 멀쩡한 사람이 하루아침에 간첩으로 바뀐 현실! 모진 고문과 협박 그리고 회유. 15년 이상의 형량선고, 가정의 파탄….

정말 억울한 사람들의 진실을 밝히는 작업을 국보법이라는 괴물이 가로막고 있습니다. 제가 국보법을 반대 안할 수 없는 이유지요.

_ 2001.02.08.

3대 개혁입법 실현되어야 한다

지난해 12월 28일부터 해를 넘기며 지금까지 전개된 인권단체 활동가들의 명동성당 들머리 단식농성은 국가보안법 폐지, 인권위원회 설치, 부패방지법 제정이라는 3대 개혁입법의 제정 및 폐지를 요구하는 투쟁이었다. 살을 에는 혹한의 추위에도 아랑곳 않고 천막도 안치고 맨몸으로 성당의 들머리에서 잠을 청했던, 어찌 보면 당혹스럽기까지 한 강도 높은 투쟁이었다. 그러나 이번 임시국회에서 법안상정이 되지 않으면 최소 3년 이상은 물 건너 갈 수밖에 없다는 객관적 정치현실은 인권활동가들을 목숨을 내건 단식투쟁으로 내몰았다.

지난 3년간 정부와 정치권에 요구도 호소도 때로는 항의도 하며 3대 개혁입법의 실현을 위해 모든 노력을 기울였건만 집권여당은 당론마저 정하지 못하고 게다가 이의 처리를 위한 의지조차 보이지 않았다. 더더욱 한심스런 것은 집권여당은 지난 기간 야당의 반대에 책임을 전가하고, '국회표결에서 통과되지 않아도 좋으니 여당 안을 만들어 국회에 상정해 달라'는 인권, 시민, 사회단체들의 요구에는 '당정협의'라는 법무부와 검찰의 허울 좋은 주장에 가로막혀 당론조차 정하지 못하는 자중지란을 보였다. 대통령은 기회만 있으면 개혁입법을 실현하겠다고 공언했지만 법무부와 집권여당이 보인 모습을 볼 때 과연 대통령이 정말로 개혁입법 실현에 대한 의지가 있었는지 의심하지 않을 수 없다.

오는 4월이 지나면 내년에 있을 자치단체장 및 지방의회선거와 대통령선거로 인해 3대 개혁입법의 국회통과는 요원한 일이 되어버린다. 이러한 현실인식 하에서 전개된 인권활동가들의 단식농성은 많은 사람들로부터 무모한 고강도 투쟁이라는 비판과 인권단체들이 마치 '전체 운동을 떠안고 책임을 자임하는 것 아니냐'는 뼈아픈 지적을 받기도 하였다. 그러나 노상단식투쟁이라도 하지 않으면 3대 개혁입법을 둘러싼 복잡한 국면을 상대로 불씨를 지속시키기에는 별다른 방법이 없었고 어쨌든 단식농성은 꺼져가는 3대 개혁입법의 불씨를 다시금 지피는데 커다란 기여를 한 것은 사실이다. 다만 농성과정에서 나타난 농성단의 사려 깊지 못한 행위로 뜻을 함께 하기 위해 찾아오신 많은 분들을 실망시킨 것에 대해서는 냉정한 평가가 이루어져야 한다고 생각한다.

단식농성이 끝난 지금 아직도 바뀐 것은 별로 없다. 여당의 법안에 대한 당론이 모아져 다음 임시국회에서는 이들 3대 개혁입법이 통과된다는 희망이 있는 것도 아니다. 오히려 의원 꿔주기와 안기부자금의 정치권유입이라는 정치쟁점이 확산되고 있어 개혁입법이 정치쟁점으로 형성되기에는 더욱 어려운 국면으로 치닫고 있다. 그러나 정치권은 당리당략보다는 개혁입법과 민생현안이 더욱 중요하다는 국민들의 요구를 직시해야 한다.

_ 2001.02.01.